Pippa Collett e William Fenton

Manual do
Patrocínio

Ferramentas, dicas e técnicas essenciais para quem patrocina e para quem busca patrocínio

www.dvseditora.com.br
São Paulo, 2014

MANUAL DO PATROCÍNIO

Ferramentas, Dicas e Técnicas Essenciais para quem Patrocina e para quem Busca Patrocínio

Copyright © 2014 - DVS Editora. Todos os direitos para a língua portuguesa reservados pela editora.

THE SPONSORSHIP HANDBOOK

Essential Tools, Tips and Techniques for Sponsors and Sponsorship

This edition first published in 2011

Copyright © 2011 Pippa Collett e William Fenton

All Rights Reserved. Authorised translation from the English language edition published by John Wiley & Sons Limited. Responsibility for the accuracy of the translation rests solely with DVS Editora and is not the responsibility of John Wiley & Sons Limited. No part of this book may be reproduced in any form without the written permission of the original copyright holder, John Wiley & Sons Limited.

Nenhuma parte deste livro poderá ser reproduzida, armazenada em sistema de recuperação, ou transmitida por qualquer meio, seja na forma eletrônica, mecânica, fotocopiada, gravada ou qualquer outra, sem a autorização por escrito da editora.

Tradução: Sabine Holler

Diagramação: Konsept Design e Projetos

Dados Internacionais de Catalogação na Publicação (CIP)
(Câmara Brasileira do Livro, SP, Brasil)

Collett, Pippa
    Manual do patrocínio / Pippa Collett, William Fenton ; [tradução Sabine Holler]. -- São Paulo : DVS Editora, 2014.

    Título original: The sponsorship handbook.
    ISBN 978-85-88329-78-2

    1. Marketing 2. Patrocínio 3. Planejamento estratégico 4. Relações públicas I. Fenton, William. II. Título.

13-09028   CDD-659.2

Índices para catálogo sistemático:

1. Relações públicas : Administração de
        empresas   659.2

Este livro é dedicado aos pioneiros do patrocínio moderno, os colegas e empresas que nos permitiram desenvolver a nossa competência em patrocínio, e à paciência e bom humor de nossas famílias.

SUMÁRIO

Introdução de *Karen Earl, European Sponsorship Association*
(Associação Europeia de Patrocínio)   vii
Prefácio   ix
Sobre os autores   xi
Agradecimentos   xiii
Como usar este livro   xv

CAPÍTULO 1 | Introdução ao patrocínio   1

PARTE I.   Os patrocinadores   29

CAPÍTULO 2 | Desenvolvimento da estratégia de patrocínio   31
CAPÍTULO 3 | Planejamento para o sucesso   49
CAPÍTULO 4 | Implementação do patrocínio   73
CAPÍTULO 5 | Avaliação do patrocínio   97

PARTE II.   Quem procura patrocínio   121

CAPÍTULO 6 | Desenvolvimento de uma estratégia de patrocínio   123
CAPÍTULO 7 | Preparação essencial para vendas   151
CAPÍTULO 8 | O processo de vendas   173
CAPÍTULO 9 | Manutenção e renovação   199

PARTE III.   O caminho a seguir   225

CAPÍTULO 10 | O patrocínio no futuro   227

Glossário   235

INTRODUÇÃO

A missão da European Sponsorship Association (Associação Europeia de Patrocínio) é a de aperfeiçoar os padrões de profissionalismo na prática do patrocínio, e *Manual do Patrocínio* contribui significativamente para alcançar este objetivo.

É um guia prático para os principais componentes do patrocínio, apresentando ferramentas e listas de verificação para estimular a reflexão e ação. Os muitos estudos de caso retirados de fontes em todo o mundo ajudam a ilustrar pontos-chave e servir de inspiração. Os autores são profissionais da indústria de patrocínio com extensa experiência de trabalho, tanto dentro da área quanto na liderança de patrocinadores e detentores de direitos.

À medida que a indústria de patrocínio cresce e novas organizações entram no mercado, *Manual do Patrocínio* será um recurso vital na formação de novos patrocinadores, detentores de direitos e outros interessados nas melhores práticas de patrocínio.

Karen Earl
Presidente do European Sponsorship Association
(Associação Europeia de Patrocínio)

PREFÁCIO

Por ser uma disciplina de marketing relativamente jovem, o **patrocínio** não tem ainda um corpo de conhecimentos necessário para garantir as melhores práticas e implementação de políticas e processos que resultem em resultados satisfatórios. Como profissionais em tempo integral e professores em tempo parcial, com mais de 40 anos de experiência de patrocínio somados, queríamos registrar e divulgar o que aprendemos, muitas vezes por tentativa e erro, para ajudar os recém-chegados a esta indústria emocionante a compreender com mais rapidez e menos dor do que nós!

Este livro tem como objetivo criar um entendimento básico sobre patrocínio através da apresentação dos princípios e processos que permitem obter resultados a todos os interessados em desenvolver sua competência de patrocínio.

Para ter acesso a mais recursos e informações sobre patrocínio, visite http://www.sponsorshipstore.com.

Para receber atualizações sobre notícias, ideias e tendências em patrocínio siga-nos no Twitter @ Sponsorshiptips.

SOBRE OS AUTORES

Pippa Collett

Pippa Collett é uma consultora de renome na área de patrocínio, e tem ampla experiência profissional com clientes com a Shell, American Express e Rank Organization. Ela tem experiência com patrocínio de eventos mundiais, como o da Ferrari nas corridas de Fórmula Um e os Jogos Olímpicos de Atenas, bem como com projetos artísticos e de entretenimento, como o Olivier Awards e a Disneyland Paris. Ela começou a trabalhar para a Sponsorship Consulting como diretora em 2006, responsável por clientes de ponta como Siemens, Standard Chartered Bank e Cisco.

Alcançar retornos mensuráveis sobre os investimentos do patrocínio é um de seus interesses, e seu trabalho nesta área foi reconhecido com o Hollis Award for Best Use of Research in Sponsorship (Prêmio Hollis de Melhor Uso de Pesquisa em Patrocínio) em 2005. Como vice-presidente da European Sponsorship Association (Associação Europeia de Patrocínio, ou seja, ESA em inglês), Pippa Collet tem estado à frente de aspectos-chave do desenvolvimento da agenda de patrocínio, como a autoria das *ESA´s Sponsorship Assessment & Evaluation Guidelines* (orientações e diretrizes para avaliação da ESA) e a introdução do conceito de desenvolvimento profissional contínuo. Mais recentemente, ela desenvolveu o processo de seleção de patrocínio da ESA e atualmente trabalha no desenvolvimento da estrutura para a prestação de qualificações dentro da indústria de patrocínio em toda a Europa.

Pippa Collet é palestrante ocasional no Institute of Direct Marketing (Instituto de Marketing Direto) e na Incorporated Society of British Advertisers (Sociedade Britânica de Anunciantes), e fala regularmente em conferências sobre patrocínio nos Estados Unidos da América (EUA), Reino Unido, Europa e Oriente Médio. Seu trabalho foi publicado no *Journal of Sponsorship*, *The International Journal of Sports Marketing & Sponsorship*, e *Argent*, o periódico do Financial Services Forum. Sua opinião sobre questões de patrocínio é sempre procurada pelos veículos de comunicação, como a BBC, CNBC, *The Times, The Wall Street Journal*, além da imprensa especializada em *marketing*.

Ela tem um MBA por Cranfield, é uma *Founder Chartered Marketer, fellow* da RSA e membro da *Marketing Society*, vive em Londres com o marido e dois filhos e gosta de conduzir charretes.

William Fenton

William Fenton é um dos diretores da Sponsorship Consulting em Londres e Bruxelas, responsável por clientes tão diversos como a British Library (Biblioteca Britânica), O Dubai International Film Festival (Festival Internacional de Cinema de Dubai), Epson, FedEx, The Olympic Business Club e a European Space Agency (Agência Espacial Europeia). Sua experiência como especialista em patrocínio foi construída ao longo de 19 anos na área de patrocínio, trabalhando com a IFM Sports Marketing Surveys e a Sponsorship Research International/ISL em grandes eventos esportivos, como os Jogos Olímpicos, a Copa do Mundo da FIFA e as corridas de Fórmula Um.

William Fenton é editor do *The World Sponsorship Monitor* produzido pelo IFM Sports Marketing Surveys e já publicou trabalhos no *International Journal of Sports Marketing & Sponsorship, The Journal of Sponsorship* e *SportBusiness International,* além de aparecer no programa de televisão *Money and Sport* da CNBC. Ele leciona na Hogeschool-Universiteit e VUB University, em Bruxelas, tem um certificado avançado da *Market Research Society* em Prática de Pesquisa de Mercado e Social, e é membro fundador do Programa de Certificação em Desenvolvimento Profissional Continuado da European Sponsorship Association (ESA).

Ele mora em Bruxelas, é casado, tem três filhos e rema desde quando estudava na Universidade de Durham. Sua primeira experiência prática de conseguir e gerenciar patrocínio aconteceu em 1986, com a expedição *In The Footsteps of Scott* (*Seguindo os Passos de Scott*), no valor de £2.5 milhões. Considerada a "última grande expedição do século XX", na qual três homens foram os primeiros a caminhar 900 milhas até o polo Sul sem apoio. Os patrocinadores da expedição original do capitão Scott em 1912 retornaram 74 anos depois. Um livro de Jonathan Cape e um contrato com a ITN News ajudou a garantir o enorme orçamento logístico, que incluiu uma aeronave e um navio, *The Southern Quest*, que afundou espetacularmente no gelo da Antártida na viagem de regresso, sem nenhuma vítima, e com William Fenton a bordo. As imagens foram vistas pelos telespectadores em todo o mundo.

AGRADECIMENTOS

Christine Hutton; Suzanne Millington; Graeme Davis (Sponsorship Consulting); David Lapish (O2); Michael Brockbank (Unilever); Jos Cleare (Accenture); Darren Marshall (Evolution); David Sleigh (Footbalance); Caroline Booth (Telecom New Zealand); Amy Lyddall Fell (Nelsons); Farina Jabbari (Nelsons); Guido Becchis (Youthstream); Annemie Vander Vorst (FedEx); Gwendolyn Da Silva (Morgan Stanley); Daragh Persee (Vodafone); Pia De-Vitre (Deloitte); Jacob Vanluchene (Red Bull); Anne Keogh (Siemens); Claire Jarvis (Siemens); Leilani Yan (AirAdvertainment); Alastair Marks (McDonald 's); Gareth Roberts (Carlsberg); Shaun Whatling (Redmandarin); Lesa Ukman (IEG); Tony Ponturo (Ponturo Management Group); Fiona Seymour (Department of Transport); Nigel Geach (IFM Sports Marketing Surveys); Sandra Greer (IFM Sports Marketing Surveys); Jeff Eccleston (Sponsorship Research International – SRi); Ardi Kolah (Guru in a Bottle); Karen Earl (European Sponsorship Association); Jos Verschueren (Vrije Universiteit, Brussel Faculty of Physical Education and Physiotherapy Department of Sports Policy and Management); Jaclyn Neal (Beiersdorf UK Ltd); Nicola Seery (Beiersdorf UK Ltd); Zoe Stainsby (Cake); Simon Fry (FedEx); Faisal Dail (Saudi Post); Luis Vicente (Manchester City Football Club); Serena Hedley-Dent (Farrer & Co) e Ben Treadaway & Mark Cornish (Sponsorium).

Fórmula Um é uma marca comercial da Formula One Licensing B.V.

Isenção de Responsabilidade

Embora todos os esforços tenham sido feitos para dar crédito a terceiros (quando possível) e todos os cuidados foram tomados para apresentar a informação com precisão e em boa fé, os autores não se responsabilizam por quaisquer erros ou omissões, factuais ou não, e não aceitam qualquer responsabilidade decorrente de qualquer expectativa colocada sobre a informação contida nesta publicação. Os autores, no entanto, acolhem qualquer correção aos créditos ou materiais contidos nesta publicação para edições futuras.

COMO USAR ESTE LIVRO

As seções para os patrocinadores e para quem busca patrocínio alimentam-se mutuamente, uma vez que a chave para o patrocínio eficaz é a compreensão das necessidades e diferentes pontos de vista de ambas as partes. Foram empregados ícones para orientar o leitor e facilitar a extração rápida de informações.

 Visão Geral

 Estudo de Caso

 Ação-chave

 Questões-chave

 Principais pontos de aprendizagem

CAPÍTULO 1

INTRODUÇÃO AO PATROCÍNIO

 Visão Geral

O patrocínio, concebido corretamente e executado com criatividade, tem um poder inigualável para construir marcas, envolver as partes interessadas e apresentar oportunidades comerciais lucrativas.

Este capítulo apresenta os elementos básicos necessários para a compreensão do patrocínio e do ambiente em que ele ocorre, e inclui os seguintes tópicos:

- O que é patrocínio, e o que não é patrocínio, no contexto da prática moderna de patrocínio.
- O tamanho da indústria, e por que ela continua a registrar crescimento em um momento em que os gastos com publicidade estão diminuindo.
- Os principais atores e a variedade de oportunidades de patrocínio, público-alvo e possíveis objetivos do patrocínio que devem ser levados em consideração.
- Ativos de patrocínio tangíveis e intangíveis, e como alguns deles podem ser valorizados.
- O processo de patrocínio tanto da perspectiva do patrocinador quanto da do detentor de direitos.
- Uma discussão sobre quando usar recursos humanos internos e quando recorrer ao apoio externo para cumprir os objetivos do patrocínio.

⑦ O que é patrocínio?

Este é um tema que suscita atualmente intensos debates, especialmente com a adoção das mídias sociais, tema discutido no Capítulo 10. Na melhor das hipóteses, o patrocínio é uma ferramenta associativa de marketing que cria valor mútuo de marca e de negócios tanto para o **patrocinador** quanto para a **atividade patrocinada**. Na pior das hipóteses, é uma desculpa para o presidente da empresa atender aos caprichos de sua esposa às custas dos acionistas. A definição mais aceita atualmente é a da Câmara de Comércio Internacional (ICC, na sigla em inglês):

> "Qualquer acordo **comercial** por meio do qual um patrocinador, para benefício **mútuo** do patrocinador e da parte patrocinada, fornece **contratualmente** financiamento ou outro meio de apoio a fim de estabelecer uma associação entre a imagem do patrocinador, suas marcas ou produtos e uma propriedade de patrocínio em troca de direitos de promover tal associação e/ou conceder certos benefícios diretos ou indiretos previamente acordados."

As palavras-chave nesta declaração bastante longa são:

- **Comercial** – O patrocínio moderno do tipo empreendido por grandes e pequenas empresas tem por objetivo fornecer algum tipo de resultado comercial para os proprietários da empresa, seja ela de propriedade pública ou privada. Os benefícios podem ser colhidos em termos de receitas adicionais ou redução de custos no demonstrativo de lucros e perdas, ou em termos de um aumento no valor da marca no balanço patrimonial. Enquanto um indivíduo que se propõe a arrecadar dinheiro para uma boa causa – como orgnizar uma maratona ou aprender uma nova habilidade - faz uma ação louvável, este tipo de atividade está fora do âmbito desta definição, e, portanto, deste livro.

- **Mútuo** – Há uma aceitação crescente que os benefícios de uma relação de patrocínio devem representar uma **parceria ganha-ganha** para a empresa do patrocinador e para a organização da atividade patrocinada.

- **Contrato** – O contrato pode ser formalizado por escrito, com cláusulas detalhadas ou basear-se em um acordo verbal, mas os fundamentos do direito contratual se aplicam à relação, conforme o respectivo sistema judicial. O detentor de direitos coloca à venda o direito de associação e, possivelmente, outros benefícios, que são aceitos pelo patrocinador e confirmados pela prestação de algum tipo de remuneração, que pode ser em dinheiro ou em espécie. Segundo a definição do ICC, um acordo informal de associação mútua que não preveja uma remuneração não constitui patrocínio.

Esta definição exclui, portanto, muitas atividades que historicamente podem ter recebido o nome patrocínio, como a **filantropia**, **doações** ou **patronagem**. No entanto, um dos motivos pelo qual a definição de patrocínio vem causando tamanha controvérsia é o desenvolvimento de outras atividades de marketing associativo que, do ponto de vista do consumidor médio, se assemelham a algum tipo de patrocínio (ver Figura 1.1). Entre elas estão:

- **O marketing relacionado a causas** – A Red, uma iniciativa global que angaria recursos para o combate à AIDS, é um bom exemplo de várias marcas que se uniram para arrecadar dinheiro para o combate à AIDS, enquanto se beneficiam de um maior valor de suas marcas.
- **A colocação de produtos** (*product placement*) – Quer seja uma BMW que apareça nos filmes de James Bond ou a Coca-Cola sendo consumida pelos jurados americanos do *X Factor*, os consumidores estão cada vez mais conscientes de que as marcas se beneficiam das aspirações coletivas para comercializar seus produtos.
- **A programação financiada pelo anunciante** – O *Gillette World of Sport* é o exemplo clássico deste gênero, associando produtos de barbear com desempenho.

Figura 1.1 Representação gráfica da definição de patrocínio

- **A criação de eventos** – O *Red Bull Air Race* ou as *Corridas Nike 10k* se parecem com eventos patrocinados, mas na verdade são eventos de propriedade das respectivas marcas, representando um desejo delas de ter mais controle sobre a atividade que seria normalmente realizada se houvesse uma verdadeira relação de patrocínio.

Este livro se limitará em grande parte à discussão dos princípios e processos que dizem respeito à principal definição de patrocínio. Porém, é preciso notar que muitas dessas questões também se aplicam a outras atividades dentro do conjunto de marketing associativo.

Desenvolvimento da Indústria

O patrocínio tem vivido um crescimento sem precedentes na última década, e o nível de investimento na aquisição de direitos de patrocínio por associação quase dobrou (ver Figura 1.2).

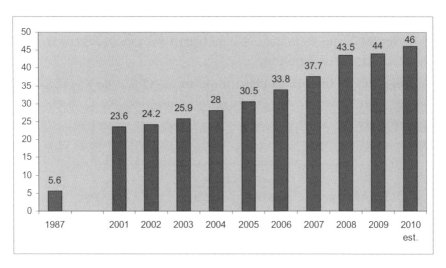

Figura 1.2 Direitos de patrocínio global gastam bilhões de dólares, 1987–2010
(Reproduzido mediante permissão do IEG)

Em vista disso, é possível fazer uma comparação favorável com o crescimento dos gastos em publicidade no mesmo período. De especial importância é o crescimento contínuo em patrocínio durante a recessão de 2008–2009, embora em um ritmo mais lento que nos anos anteriores, em um momento em que os gastos com publicidade se retraíram em cerca de 5%. O aumento do investimento em patrocínio é amparado por três tendências principais: **desenvolvimento econômico**, **evolução social** e **revolução tecnológica**.

- O **desenvolvimento econômico** está atualmente voltando sua atenção para o patrocínio como ferramenta de marketing por causa das aspirações que uma maior liberdade econômica gera nos indivíduos. Na sociedade agrária a riqueza é altamente concentrada, e não sobra nada para a maioria dos indivíduos que ficam no nível de subsistência ou abaixo dele para gastar com atividades discricionárias. O desenvolvimento econômico proporciona o tempo e o dinheiro para os indivíduos gastarem em itens discricionários, que costumam ser inicialmente alocados para proporcionar conforto físico. À medida que a prosperidade se torna a regra, existe mais dinheiro a ser alocado para, primeiro, **serviços** que visam reduzir a carga de trabalho ou esforço e, depois, para **atividades de lazer**. Mercados totalmente maduros já vivem uma economia da experiência, onde as pessoas estão à procura de **experiências de autor-realização**. Esta é uma necessidade a qual as marcas respondem, seja a "experiência incrível" de jantar no Pizza Hut, comprar na Apple ou aplicar um produto de beleza. O desafio para muitas marcas é tornar essas experiências reais para os clientes. O patrocínio facilita que as experiências com a marca ganhem vida.

- A **evolução social** é a segunda tendência orientando o crescimento no segmento de patrocínio. Historicamente, as pessoas se identificavam pelo senhor feudal ao qual serviam. Mais recentemente, a identidade estava ligada à empresa que as empregam. Da mesma forma, as mulheres começaram a ganhar uma identidade própria, deixando de serem reconhecidas apenas como filha de seu pai ou esposa de seu marido. Os resultados dessas mudanças sociais são que as pessoas estão à procura de novos emblemas de fidelidade. Eles podem ser encontrados na política, nos esportes, na religião ou outras atividades que unam os grupos em comunidades reais ou virtuais em nível do consumidor.

  Esta evolução social também tem impactado como as empresas veem seu papel na sociedade. A introdução da contabilidade *triple bottom line* ([1]) significa que as empresas não podem mais se concentrar apenas no

---

1   [N. T.] *Triple Bottom Line* é um termo contábil que coloca no mesmo nível os pilares social, ambiental e econômico-financeiro.

sucesso econômico mensurado em termos de lucros e dividendos. Agora elas também precisam considerar seu impacto social e ambiental. Isso tem levado as empresas a investir nos níveis básicos na educação, saúde, esporte e cultura, visando não só contribuir em nível de comunidade local, mas também visando ter um impacto global.

Figura 1.3 Desenvolvimento de canais de comunicação de 1958 a 2011

- No entanto, é a **revolução tecnológica** que representa a tendência mais importante para o patrocínio. A mudança de um número limitado de canais unidirecionais com amplo espectro de interações bidirecionais trouxe mudanças profundas em nossas expectativas como clientes (ver Figura 1.3).

Houve uma mudança fundamental do marketing de interrupção e no monólogo de marca do século XX para uma abordagem multicanal, que exigem que as marcas apliquem uma estratégia multinicho. Os consumidores podem agora acessar múltiplas fontes de informação e já não precisam aceitar uma propaganda de marca na base da confiança. As pessoas querem muito ter um diálogo com as marcas e, enquanto algumas marcas acham isso bastante indesejado, os vencedores no longo prazo serão aqueles que aprenderão a se adaptar a uma audiência interativa. O direcionamento da comunicação baseado em grupos sociodemográficos está se tornando ineficaz porque as novas comunidades incorporam uma ampla gama de tipos diferentes. Assim, as empresas estão muito mais atentas a como direcionam sua comunicação para comunidades de pessoas com hábitos e comportamentos semelhantes e não apenas seus grupos sociodemográficos.

O desafio da realidade das novas formas de comunicação é que elas têm tido um enorme impacto sobre o consumidor em termos de sua capacidade de identificar e absorver informação. Como Seth Goodin identifica em seu livro Permission Marketing (*Marketing de Permissão*, na edição em português): "Os dias de alta demanda e oferta limitada acabaram... é um jogo novo. Um jogo onde a oferta limitada é a atenção." **A publicidade** é excelente para gerar conscientização, **as relações públicas** informam e influenciam, e **a promoção de vendas** estimula a experimentação, mas todas concorrem entre si para chegarem à frente nesse bombardeio de mensagens de marketing.

As marcas descobriram que a melhor maneira de chamar nossa atenção é identificar os interesses das novas comunidades e alinhar-se com elas por meio do **patrocínio**.

Os elementos básicos do patrocínio

Para o patrocínio de sucesso, é essencial compreender os principais componentes do segmento. É fundamental que todas as partes estejam cientes dos outros agentes participantes e do papel que estes desempenham em termos de sua capacidade coletiva de cumprir o combinado quanto aos direitos atribuídos (ver Figura 1.4).

O conceito de uma propriedade e de um patrocinador pode ser considerado bastante simplista quando colocado dentro do contexto do segmento de patrocínio como um todo. O primeiro desafio é definir exatamente quem é o **detentor de direitos**, isto é, a organização que tem a autoridade de vender os direitos de associação a um patrocinador. Na maioria das vezes o detentor de direitos é o **gestor da propriedade**, como o Museu Guggenheim comercializando patrocínio para uma exposição de arte. No entanto, há ocasiões, especialmente em patrocínios de transmissão, onde o detentor de direitos não supervisiona diretamente a propriedade em si, tarefa essa que é realizada por algum intermediário.

Figura 1.4 Os componentes-chave do segmento de patrocínio

 Estudo de caso – Os Jogos Olímpicos e Paraolímpicos

 Principais pontos de aprendizagem:

- Tenha absoluta clareza sobre que organização pode lhe vender quais direitos.
- Você talvez precise formalizar contratos com várias organizações para obter todos os direitos necessários para implementar e alavancar um patrocínio.

Um bom exemplo disso é a relação entre o Comitê Olímpico Internacional (COI) e o Comitê Olímpico Nacional (CON). O COI controla, em última análise, todos os direitos, logotipos e símbolos das **marcas olímpicas** e os vende direto para seus patrocinadores globais. No entanto, o COI delega também a oportunidade de vender direitos de associação para os Jogos Olímpicos – embora isso não inclua as marcas, logotipos e símbolos - para todos os CONs dentro das fronteiras nacionais. Seria lamentável se uma marca negociasse um acordo com um CON para os direitos de associação com as Olimpíadas supondo que isso desse à marca o direito de usar a logomarca dos anéis olímpicos, ou de promover uma associação global com os Jogos Olímpicos.

O que é mais frequente no esporte e no entretenimento do que na cultura é o uso de um **agente** ou **promotor de vendas**. Eles podem ter adquirido o direito de comercializar a associação com uma propriedade como uma oportunidade de patrocínio, mas podem não ter o direito de incluir o acesso ao banco de dados, por exemplo. Se o acesso ao banco de dados fosse importante para uma marca como parte de uma relação de patrocínio em potencial, seria essencial que a marca identificasse a parte que poderia conceder direitos de acesso ao banco de dados e providenciar para que isso fosse formalizado por meio de um contrato.

Um grupo que costuma ser esquecido quando se pensa em propriedade são os **"artistas"**. Por exemplo, se estivéssemos considerando patrocinar uma apresentação no La Scala, é bastate provável que as negociações ocorreriam direto com a administração da Ópera. No entanto, se houvesse a expectativa que os solistas participassem de uma festa após a apresentação e socializassem com os convidados, seria preciso negociar acordos subsequentes com os artistas ou seus agentes. Da mesma forma, se uma marca quisesse realizar a ativação do espectador dentro de uma ação de patrocínio do Six Nations Rugby, talvez fosse necessário formalizar acordos distintos com os locais do evento, como Twickenham, Murrayfield ou Stade de France, assim como adquirir os direitos de associação com o Six Nations junto ao International Rugby Board.

Para sustentar a relação central de patrocínio, pode haver também uma grande variedade de fornecedores, como advogados para redigir contratos personalizados, pesquisadores de mercado, consultorias ou agências de ativação. Quem também pode influenciar a relação são os órgãos dirigentes do desporto ou sindicatos, como o britânico Equity para o mundo das artes e entretenimento, ou associações comerciais e, é claro, os patrocínios devem atender ao previsto pela legislação do governo, bem como obedecer às leis vigentes.

O conceito de um patrocinador, ou seja, uma empresa que investe dinheiro ou um valor em espécie em troca do direito de associar sua marca com uma "propriedade" patrocinada, é amplamente compreendido.

A propriedade patrocinada pode ser um evento ou atividade que tenha natureza individual ou de infraestrutura. A Figura 1.5 apresenta uma série de exemplos de possíveis oportunidades de patrocínio.

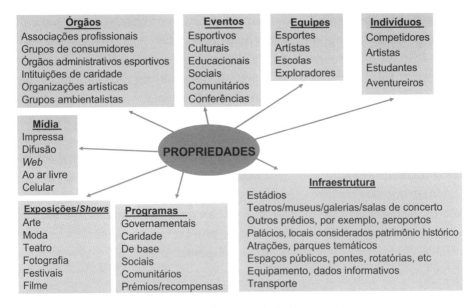

Figura 1.5 Tipos de propriedade de patrocínio

Os esportes são os veículos mais amplamente reconhecidos para patrocínio e recebem a maior parte do investimento de patrocínio, seguido pela difusão em rádio/TV e cultura. No entanto, há um grande número de oportunidades de patrocínio em potencial, que deveriam ser levadas em consideração quando da identificação da "melhor escolha" para as necessidades de um patrocinador específico.

Fora da indústria de patrocínio estão as pessoas a quem o patrocínio se destina a impactar de alguma forma – especificamente, o(s) público(s)--alvo (ver Figura 1.6). O público-alvo mais frequente do patrocínio são os clientes, e seu objetivo é o de mudar atitudes e comportamentos em relação à marca ou corporação patrocinadora, criando valor na demostrativo de lucros e perdas (*P&L*) ou no balanço patrimonial. Várias organizações também usam o patrocínio para promover mudanças internas, enfatizando como podem educar e engajar seus funcionários.

No entanto, existem muitos outros públicos-alvo em potencial junto aos quais o patrocínio pode ser implantado com sucesso. Dentro da cadeia de valor, os patrocínios podem ter por objetivo mudar comportamentos entre fornecedores, atacadistas ou varejistas a fim de gerar impacto positivo sobre o valor entregue. Alternativamente, os patrocínios podem ter como enfoque primordial analistas ou departamentos importantes do governo. Igualmente, o patrocínio pode ser direcionado a influenciar a mídia e como ela informa ao público sobre a corporação.

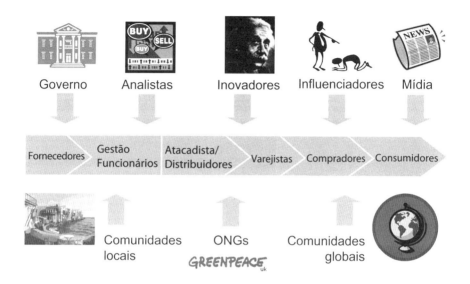

Figura 1.6 Públicos-alvo em potencial para patrocínios

Há muitos exemplos excelentes de patrocínios destinados a melhorar as relações com ONGs (organizações não governamentais) ou comunidades locais. Uma fábrica de grande porte, por exemplo, pode investir em patrocínios que envolvam a comunidade local, demonstrando seu desejo de compensar, de alguma forma relevante, pela poluição sonora ou de luz gerada pela fábrica.

A chave essencial para patrocínio de sucesso reside, em última análise, em se ter objetivos de patrocínio definidos com clareza. Em suas Diretrizes de Acessibilidade e Avaliação de Patrocínio, a Associação Europeia de Patrocínio (ESA, na sigla em inglês) distinguiu três grupos distintos de objetivos de patrocínio (veja Figura 1.7).

O grupo de objetivos mais amplamente reconhecido centra-se em torno da **construção da marca**, desde a criação de conscientização até a promoção de apoio à marca.

Figura 1.7 Possíveis objetivos de patrocínio *(Fonte: European Sponsorship Association [Associação Europeia de Patrocínio], reproduzido mediante permissão)*

 Estudo de caso – Vodafone

 Principais pontos de aprendizagem:

- A medição da exposição é válida se um dos seus objetivos de patrocínio for a obtenção de visibilidade para uma marca jovem.
- Neste caso, a capacidade de patrocínio da Ferrari de fornecer exposição global foi considerada mais rentável e mais envolvente do que a compra de horários para veiculação de conteúdo.

A entrada da Vodafone nas corridas de Fórmula Um como patrocinadora da equipe Ferrari aconteceu após um período de aquisições da empresa de comunicações móveis, pelas quais ela expandiu sua rede em vários mercados ao redor do mundo. Embora o patrocínio também tivesse objetivos de diferenciação, engajamento e geração de receitas, um resultado essencial foi a geração de conscientização ampliada

Continua na próxima página...

---

2 [N.T.] Spoiling é o processo de divulgar informações que "estragam a surpresa" de programas de TV, livros e outros materiais antes que sejam do conhecimento do grande público.

da marca em escala global numa época em que a marca estava em expansão em novos mercados. A Fórmula Um, com um mínimo de 2 horas de cobertura televisiva a cada quinzena durante 8 meses do ano, era uma plataforma com boa relação custo-benefício mediante a qual podia-se atingir 350 milhões de espectadores no mundo – um percentual elevado que representava um público-alvo chave para a Vodafone.

(Reproduzido com permissão da Vodafone)

Estudo de caso – O2

Principais pontos de aprendizagem:

- Embora um patrocínio possa proporcionar grande exposição da marca, pode haver objetivos fundamentais mais importantes a serem alcançados.
- Ao avaliar investimentos de patrocínio, sempre que pertinente considere se será possível ac ompanhar as mudanças de necessidades de um patrocinador.

No outro extremo da escala de construção de marca, a marca europeia de telecomunicações móveis O2 levou direitos de titularidade ao complexo esportivo e de entretenimento da O2 em Greenwich, Londres e a outros locais de entretenimento no Reino Unido. O foco aqui é oferecer prioridade na compra de ingressos para os clientes da O2 a fim de alavancar fidelidade e apoio à marca, e o conceito foi tão bem-sucedido que foi repetido pela O2 na Irlanda, Alemanha e República Tcheca.

(Reproduzido com permissão da O2)

Para algumas marcas, patrocínio trata-se muito mais sobre uma linha de visão direta que leva a **benefícios comerciais**. A ESA também identificou uma lista longa, mas não definitiva, de possíveis objetivos comerciais para o patrocínio (veja Figura 1.7).

Estudo de caso – Nivea For Men®

 Ponto de aprendizagem-chave:

- Não há nada de errado em ter objetivos de patrocínio altamente comerciais, desde que as atividades de alavancagem estejam alinhadas com as necessidades dos fãs e com o enriquecimento de sua experiência.

Um excelente exemplo de um patrocínio orientado para a amostragem de produto é o do Nivea For Men®, que tornou-se o parceiro oficial de cuidados com a aparência dos centros de futebol Powerleague Five-a--side. Isto incluiu os direitos da marca e fornecimento de amostras em todos os 42 centros Powerleague. Além de atividades de amostragem, houve uma série de competições e promoções direcionadas distribuindo gratuitamente horários e campos para jogo nos centros Powerleague no Reino Unido, culminando com um torneio de futebol de salão no verão.

(Reproduzido com permissão da Beiersdorf UK Ltd)

 Estudo de caso – Empresas petrolíferas e a Fórmula Um

 Principais pontos de aprendizagem:

- Os objetivos comerciais do patrocínio podem não contribuir diretamente para os resultados financeiros, mas deve haver uma linha de visão entre o investimento e o potencial de retorno.
- Os patrocínios devem continuar a fazer sentido intuitivo para o consumidor médio quando são traduzidos do ambiente de patrocínio para o varejo.

Outro exemplo, desta vez contemplando o uso do patrocínio como catalisador para a inovação, é a relação entre as empresas de petróleo e as corridas de Fórmula Um. Para acelerar o ritmo de desenvolvimento do combustível cotidiano para automóveis, as grandes empresas de petróleo

Continua na próxima página...

incumbem seus cientistas com a tarefa de encontrar combustíveis mais leves e mais eficientes que permitam aos carros de corrida andarem mais rápido e cobrir distâncias mais longas na pista de corrida. Muitas vezes, os cientistas estão presentes no *paddock*, no coração da ação e compartilham a dor da derrota e o prazer da vitória com a equipe. O desejo de encontrar novas soluções para combustíveis e lubrificantes que tragam resultados ainda melhores nas corridas acelera o ciclo de desenvolvimento. As inovações relevantes podem ser traduzidas para os produtos disponíveis para os motoristas comuns que abastecem no posto de gasolina.

Grande parte do patrocínio de empresas internacionais nos países em desenvolvimento consiste em garantir uma licença para operar. Investir no desenvolvimento desportivo, cultural ou educacional de um país é reconhecido como uma forma de agradecer a essas comunidades por permitir que a empresa se beneficie dos recursos locais, sejam eles matérias-primas tiradas do solo ou soluções de trabalho com melhor relação custo-benefício.

O terceiro grupo de objetivos, conforme definido pela ESA, são aqueles onde o objetivo principal é o **envolvimento** com um público específico, e isso inclui desde o lobby governamental até motivação dos funcionários. Os patrocínios podem ser estruturados em torno de gestão de reputação no mercado ou no posicionamento da marca como um bom empregador para atrair os melhores talentos entre os jovens formados ou que deixam a faculdade. Este grupo também incorpora o desenvolvimento de relações *business-to-business* (B2B) por meio de experiências de hospitalidade e educacionais ligadas ao patrocínio.

Estudo de caso – Siemens

Principais pontos de aprendizagem:

- Os funcionários são muitas vezes uma consideração posterior no que tange o patrocínio, mas se sua equipe não é capaz de articular sua lógica de patrocínio, como ela vai comunicá-la adequadamente aos clientes?

Continua na próxima página...

> - A exposição de mídia pode ajudar a promover conscientização de marca, mas somente comunica mensagens gerais para um público-alvo. A atividade direcionada de relações públicas (RP) garante que suas mensagens-chave são comunicadas por meio de um editorial confiável.
>
> A Siemens plc, que faz parte do grupo global de engenharia, patrocinou a equipe de remo da Grã-Bretanha com o objetivo de envolver os funcionários em uma competição de remo *indoor* (em recinto fechado) enquanto aproveitou a plataforma para fortalecer relações com formadores de opinião mediante atividades cuidadosamente direcionadas de RP.
>
> *(Reproduzido com permissão da Siemens plc)*

O único problema com um número tão grande de objetivos possíveis é que as empresas muitas vezes esperam que patrocínio alcance muitos objetivos diferentes. Isto fragmenta o foco do projeto e estica demais o orçamento entre vários programas de ativação, enfraquecendo assim possibilidade de sucesso comprovado e real. Provavelmente o número ideal seja dois a três objetivos claramente definidos, e no máximo cinco objetivos.

❓ Ativos de patrocínio

Os ativos de patrocínio se traduzem em benefícios reais que um patrocinador compra por meio de seu contrato de patrocínio. Os ativos de patrocínio podem ser divididos entre aqueles que têm um valor que é **tangível**, ou seja, onde o valor pode ser definido em termos monetários, ou **intangível**, onde o valor é não-financeiro. Alguns exemplos dos dois tipos de ativos podem ser encontrados na Tabela 1.1.

Ativos tangíveis

Exposição na mídia, ou melhor, o valor da exposição na mídia obtido por uma marca como resultado de um patrocínio, é o ativo mais amplamente aceito que é vendido pelos detentores de direitos, seguido por ingressos e oportunidades de hospitalidade. O valor da mídia é derivado do cálculo da quantidade de tempo que o logotipo da marca é exibido na tela (ou em cartazes e outras mídias) e do cálculo do custo equivalente ao da compra do mesmo tempo de veiculação publicitária. Os ingressos terão um valor nominal e, embora exista a possibilidade de o pacote específico de um patrocinador não estar disponível no mercado aberto, geralmente é possível encontrar agentes similares que reflitam o valor dos elementos oferecidos.

Tabela 1.1 **Exemplos de ativos de patrocínio tangíveis e intangíveis**

Ativos tangíveis	Ativos intangíveis
Valor monetário pode ser calculado	O valor não é financeiro
Exposição na mídia	Atributos transferíveis da marca
Ingressos/ hospitalidade	Prestígio da propriedade
Oportunidades de publicidade da marca	Qualidade da atividade realizada
Acesso ao banco de dados	Conveniência da localização
Conhecimento especializado/ experiência	Credibilidade do endosso da marca
Locais para reunião	Grau de lealdade do público
Embaixadores da marca	Exclusividade da categoria
Amostragem	Força dos objetivos compartilhados
Tecnologia	Oportunidades de interação com outras pessoas
Recursos administrativos	Facilidade para ser apresentado a outras
Fornecimento de conteúdo	pessoas
Atividade de marketing	Exclusividade de acesso
	Ambiente organizado

O custo de aquisição de uma lista equivalente de um corretor de listas é um método eficaz para calcular o valor do acesso ao banco de dados. Acesso ao conhecimento especializado e à experiência pode ser avaliado em termos de quanto um patrocinador teria de pagar para adquirir essa experiência junto a um funcionário especializado. O fornecimento de **instalações** para reuniões e eventos pode ser comparado com o custo para alugar o mesmo tipo de sala de reunião em um hotel ou local para eventos. Os **embaixadores da marca** podem ser avaliados em termos da contratação de uma celebridade equivalente por meio de uma agência de palestrantes. O custo de instalação e alocação de **recursos humanos** para um stand em um local de grande circulação como uma estação de trem pode ser comparado com a possibilidade de fornecer amostragens medainte uma relação de patrocínio. O **acesso à tecnologia** geralmente tem um valor pré-definido praticado pelo mercado, e o mesmo se aplica aos recursos administrativos.

O acesso ao **conteúdo** tornou-se um elemento muito importante em vários patrocínios, principalmente nos mercados de telefonia móvel e prestação de serviços, visto que estes buscam diferenciação das marcas existentes. Este conteúdo pode ser "equivalente a uma transmissão" ou "acesso exclusivo", mas ambos podem ser avaliados tanto pelo custo de aquisição do conteúdo de uma emissora ou o quanto custaria organizar uma empresa de produção para filmar o mesmo conteúdo, Por fim, o acesso de um detentor de direitos à comercialização da propriedade pode ser calculado pela empresa, considerando-se os custos de execução de um programa semelhante de **marketing**.

Ativos intangíveis

Em comparação com os ativos tangíveis, os ativos intangíveis são muito mais difíceis de serem avaliados quanto ao seu valor agregado. O valor atribuído variará muito, dependendo da relevância de qualquer ativo intangível para um patrocinador específico e seus objetivos particulares de patrocínio.

A aquisição do **direito de associação** é a essência de qualquer relação de patrocínio. Pode-se concluir, então, que o ativo intangível mais significativo vendido por um detentor de direitos é o impacto que o patrocínio tem sobre a marca do patrocinador em virtude de atributos transferíveis da marca a partir da propriedade patrocinada. O valor deste benefício pode variar de um valor mínimo, onde a intenção é que um patrocínio seja em grande parte destinado a alcançar objetivos comerciais, até ser o benefício mais significativo no pacote de patrocínio. A melhor exemplificação disto é o patrocínio dos Jogos Olímpicos, nos quais empresas pagam milhões para assegurar os direitos de associação e a permissão de usar marcas, logomarcas e símbolos Olímpicos. Praticamente todo o restante, incluindo ingressos e hospitalidade, precisa ser adquirido à parte.

Se um patrocínio visa um projeto B2B, a conveniência da **localização da propriedade**, seu **grau de prestígio** e a **qualidade entregue** – e, portanto, sua capacidade de atrair o público-alvo para participar da hospitalidade – pode ser mais importante do que a comercialização dos direitos de associação.

 Estudo de caso – Morgan Stanley

 Principais pontos de aprendizagem:

- Os patrocínios culturais, e as artes visuais em particular, prestam-se a atender aos objetivos de interesses de patrocínio orientados ao B2B.

Continua na próxima página...

> - A possibilidade de admirar obras de arte icônicas em momentos de lazer, sem **competir com o grande público, é uma proposição atraente para executivos ocupados**.
>
> Um bom exemplo disso foi o patrocínio do Morgan Stanley de *O Primeiro Imperador: O Exército Terracota da China* no Museu Britânico, que ocorreu entre setembro de 2007 a abril de 2008. O patrocínio deu ao Morgan Stanley a oportunidade de alinhar sua marca com seus interesses comerciais na China, ao mesmo tempo em que proporcionou uma plataforma cultural inovadora para engajar-se com os clientes. Ver a exposição junto a um público reduzido deu aos clientes a oportunidade privilegiada para admirar os guerreiros de terracota sem as multidões, e criando um jeito especial para o Morgan Stanley aprofundar suas relações com clientes existentes e construir novas relações.
> *(Reproduzido com permissão do Morgan Stanley)*

Para algumas marcas, principalmente as com um número limitado de concorrentes importantes, é essencial ter a **exclusividade de patrocínio na sua categoria**. Para outras marcas, na verdade, é o oposto: o que elas querem é ser vistas como parte de um grupo de iguais que ajude-as a se parecerem maiores, mais fortes e mais impressionantes do que suas contas poderiam justificar.

Também é importante que patrocinadores e detentores de direitos entendam que seus modelos de referência podem ser completamente diferentes. Isto é ilustrado na Tabela 1.2, onde são comparados quatro elementos diferentes. No entanto, é importante entender que pode haver outras questões em que os detentores de direitos e as empresas tenham uma perspectiva diferente, e ambos precisam estar cientes dessa possibilidade a fim de interpretar corretamente os aspectos de seu relacionamento.

Os patrocinadores são em grande parte empresas de capital aberto e, portanto, seguem o imperativo dos acionistas, que é o de aumentar o valor do acionista não só em termos de patrimônio e preço da ação, mas também em termos de dividendos pagos. Os elementos contábeis são o demonstrativo de lucros e perdas e o balanço patrimonial, que medem o valor em termos de lucro e patrimônio. A liderança é escolhida a partir de uma seleção de pessoas com competências empresariais afiadas e grande experiência.

A perspectiva do detentor de direitos desportivos, ilustrada na Tabela 1.2, é muitas vezes bem diferente. O modelo de negócio privilegia mais o sucesso no esporte, e a vitória é a principal medida de desempenho. A maioria das propriedades esportivas não são empresas de capital aberto, o fluxo de caixa é considerado mais importante do que o lucro, e elas são muitas vezes comandadas por entusiastas dos esportes. É claro que isso também pode ser traduzido para a cultura, educação, ou outra categoria de propriedade de patrocínio. O desejo de integridade curatorial nos detentores de direitos culturais pode ser tão forte quanto a vontade de vencer entre os seus colegas da área de esportes. De forma semelhante, a maioria dos educadores, embora seja apaixonada pelo seu trabalho, tem muito pouca experiência à frente do mundo real dos negócios. A importância de compreender os diversos quadros de referência entre um patrocinador e um detentor de direitos não pode ser subestimada.

Tabela 1.2 Diferença de perspectivas entre patrocinadores e detentores dos direitos

	Patrocinador	Detentor de direitos
Modelo de negócio	Imperativo do acionista	"Para o bem do jogo"
Elementos contábeis	Demonstrativo de lucros	Fluxo de caixa
	e perdas	Outra empresa interessada
	Balanço patrimonial	em investir
Medidas de desempenho	Preço da ação	Vitória
	Dividendos	Casa cheia
Recursos humanos	Gerentes de negócios	Entusiastas do esporte

O processo de patrocínio

Sob muitos aspectos, o processo de patrocínio não difere de qualquer outro processo. Ele começa pelo desenvolvimento da estratégia certa, um bom planejamento e execução eficiente, e é arrematado com uma avaliação meticulosa. No entanto, no patrocínio a aplicação deste processo varia um pouco quando vista através das lentes distintas do patrocinador e do detentor de direitos. Cada seção do processo de planejamento será discutida detalhadamente em outros capítulos, e apenas uma breve visão geral será apresentada aqui para destacar as diferenças entre as duas perspectivas.

Analisaremos primeiro o processo de patrocínio a partir da perspectiva de um **patrocinador** (ver Figura 1.8).

- O desenvolvimento ou revisão da **estratégia de patrocínio** para os patrocinadores é muitas vezes resultado de uma mudança nas prioridades de negócios ou direcionamento de *marketing*, pois é crucial que a estratégia de patrocínio seja derivada a partir desses elementos e contribua para o sucesso empresarial e de *marketing*. A implementação de uma política de patrocínios adequada e o desenvolvimento de modelos de decisão e de critérios de seleção para orientar decisões futuras de investimento em patrocínio provêm de uma estratégia coesa de patrocínio. Também permite que quaisquer patrocínios atuais sejam revistos para assegurar que permaneçam adequados à sua finalidade. Se não, a estratégia fornecerá orientações sobre a melhor forma de saída. O mais importante é esclarecer que recursos estarão disponíveis, tanto em termos financeiros quanto de recursos humanos, pois isso será fundamental para conduzir a nova estratégia com sucesso.

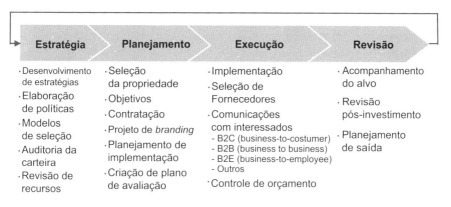

Figura 1.8 O processo de patrocínio – para os patrocinadores

- Sob o ponto de vista do **planejamento**, o pensamento girará em torno da identificação e seleção das propriedades certas, estabelecimento de objetivos claros para cada propriedade e conclusão satisfatória da fase de contratação. Tão logo exista um acordo coeso, o esforço vai se concentrar em construir e obter apoio interno para um programa de ativação de patrocínio, desenvolver o modelo de *branding* para promover os direitos de associação e criar o projeto para avaliação.
- Em muitos aspectos, as duas primeiras fases do processo de patrocínio são relativamente internas, enquanto é na fase de **execução** que é gasta a maior parte da energia e dos recursos de uma organização. O sucesso será avaliado em termos da eficácia de implementação do programa, trazendo o patrocínio à vida e engajando as partes interes-

sadas, sejam elas consumidores, *business-to-business* ou funcionários. É possível que seja preciso encontrar os fornecedores adequados para complementar os recursos internos ou recorrer à experiência e conhecimentos de especialistas. Além disso, o orçamento precisará de muita atenção.

- Finalmente, há a fase de **revisão** (ou avaliação). Na verdade, uma avaliação bem sucedida requer o estabelecimento de marcos de desempenho e o acompanhamento do desempenho do patrocínio em toda a fase de execução. As discussões formais sobre desempenho e revisões pós-investimento são essenciais para a identificação, coleta e implementação de novas idéias para aprimorar os resultados no futuro. Os patrocínios que não vencem seus respectivos limites mínimos de desempenho precisarão de um planejamento de saída cuidadoso.

Examinando a questão a partir da perspectiva dos **detentores de direitos**, o processo é o mesmo, porém a ênfase é um pouco diferente (ver Figura 1.9).

- A **estratégia** de patrocínio para os detentores de direitos enfatiza qual é a abordagem mais adequada para o patrocínio e como melhor posicionar a propriedade a fim de atrair o investimento de patrocínio. É crucial identificar os ativos de patrocínio e compreender seu valor potencial, mas os detentores de direitos também têm de alocar os recursos apropriados se desejam otimizar a criação de valor do patrocínio. Para finalizar, é preciso chegar a um acordo quanto à melhor estratégia de marketing para os direitos.

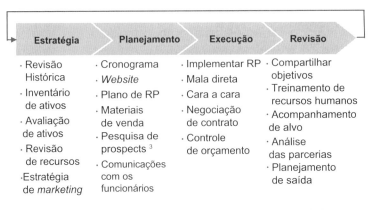

Figura 1.9   O processo de patrocínio - para os detentores de direitos

---

[3] *Prospects* são possíveis clientes para um vendedor ou uma empresa.

- Ao avançar para o item **planejamento**, os detentores de direitos devem ter um cronograma claro sobre (a) como venderão os seus direitos e implementarão parcerias; (b) o que precisam fazer com seu web site e plano de relações públicas (RP) para atrair o interesse do patrocinador; e (c) como desenvolverão seus materiais de vendas. A pesquisa minuciosa sobre prospects é essencial para identificar as organizações mais interessantes a serem abordadas. Para assegurar o sucesso na busca de patrocínio, é imperativo assegurar que os funcionários entendam a abordagem e como eles podem ajudar a atrair novos parceiros para o projeto.

- A fase de **execução** é composta de duas partes. A primeira é o esforço de vendas para atrair patrocinadores, realizando reuniões presenciais e finalizando as negociações de contratos. Talvez o mais importante seja a implementação dessas parcerias. Muitos detentores de direitos concentram seus esforços em garantir a venda e em seguida se prejudicam por não atender adequadamente seus patrocinadores. Será fundamental compreender os objetivos de ambas as partes, e realizar a ativação do patrocinador dentro do orçamento previsto para reter o patrocinador a longo prazo.

- A fase de **revisão** para os detentores de direitos também deve enfatizar o monitoramento dos objetivos do patrocinador. Muitos detentores de direitos ignoram este item, considerando-o um custo desnecessário, mas ele é muito importante porque comprova ao patrocinador como a propriedade alcançou os objetivos durante a condução de uma discussão de renovação de contrato. É ainda melhor se forem fornecidos relatórios regulares sobre o cumprimento dos itens previstos para o patrocínio. Os detentores de direitos também precisam elaborar um planejamento de saída. O planejamento pode ser tanto do ponto de vista do que acontecerá se o patrocinador não renovar o contrato para um novo período, ou, eventualmente, que um determinado patrocinador já não atende mais às necessidades do detentor de direitos e este último precisa ter a liberdade de buscar outro patrocinador.

O debate sobre fazer em casa ou terceirizar

Um dos maiores problemas enfrentados pelos detentores de marcas e de direitos é o de se alocar recursos humanos internos preciosos para gerenciar um programa de patrocínio ou buscar apoio externo para desenvolver e/ou implementar o patrocínio de forma eficaz. Ambas as abordagens têm pontos fortes e fracos, como destacado na Tabela 1.3.

O ponto forte da solução interna é que os funcionários tendem a ser mais bem alinhados com as estratégias corporativas porque estão envoltos em uma organização que trabalha em uma única direção. Um gerente terá um controle rígido sobre os funcionários diretos e, se trabalham para a organização por algum tempo, esses funcionários terão redes informais que irão ajudá-los a realizar coisas.

Tabela 1.3 Pontos fortes e fracos das opções de busca de recursos

	Recursos Internos	Recursos Externos
Pontos fortes	• Observância da estratégia	• Mais fácil de se desvencilhar
	• Controle rígido	• Superam questões de
	• Redes internas	credibilidade/ política
		• Flexibilidade de busca de recursos
		• Velocidade para colocar o produto
		ou serviço no mercado
		• Experiência de especialistas
Pontos fracos	• Consome muito tempo	• Choque de culturas
	• Número de funcionários	• Rotatividade de pessoal
	• Custos ocultos: tempo,	• Custo elevado percebido
	recursos	

É claro, sob uma perspectiva diferente, gerenciar pessoas consome tempo, os funcionários são sempre um problema para as grandes organizações e há custos ocultos em se manter funcionários em termos de tempo – quanto tempo eles realmente trabalham em contrapartida com quanto tempo ficam conversando no intervalo. Além disso, há ainda o custo de suas mesas de trabalho, iluminação, aquecimento, eletricidade, e outros benefícios normalmente fornecidos. A maioria das organizações opera com 100% do salário como um custo indireto, o que exemplifica o quanto as despesas ocultas de se ter um funcionário pode custar na realidade.

No lado externo, os pontos fortes são que é mais fácil se desvencilhar de recursos externos e que eles podem superar qualquer tipo de questão de credibilidade ou de política interna. Eles são bastante flexíveis, podendo aumentar o número de pessoas para atender a uma necessidade específica e, logo em seguida, retornar ao número de pessoas de antes, além de ajudá-lo a chegar ao mercado rapidamente. Se um patrocínio é assinado com atraso, os recursos externos o ajudarão a otimizar os resultados desse patrocínio. E, claro, eles têm experiência especializada que pode não estar disponível internamente.

Um dos problemas com os recursos externos é que eles podem ter um choque cultural com a organização contratante, uma vez que os funcionários terceirizados podem estar acostumados a trabalhar em um ambiente mais ágil. Inevitavelmente, as empresas terceirizadas têm maior rotatividade do pessoal, fator que pode desestabilizar uma equipe interna ou equipe terceirizada, e trazer problemas até que um substituto adequado seja encontrado. Finalmente, visto que os custos da empresa terceirizada são bastante transparentes – eles figuram em uma linha nítida em um orçamento de *marketing* - eles têm um custo elevado percebido em comparação com os recursos internos, onde muitos dos custos estão ocultos.

Portanto, quando confrontados com este dilema, a recomendação é de buscar recursos internos nos seguintes cenários:

- A atividade de patrocínio faz parte da proposição central de valor do cliente. A Adidas ou Nike gerenciam suas atividades de patrocínio internamente porque o desempenho de seus artigos de vestuário ou calçados em um contexto esportivo é a chave para a proposição de valor do cliente a ser promovida para o público consumidor em geral.

- As competências necessárias estão disponíveis e acessíveis dentro da empresa e não estão totalmente dedicadas a outras atividades de patrocínio.

- A atividade é de valor crítico para a empresa. Por exemplo, no caso de empresas prestadoras de serviços, o contato com o cliente *business-to-business* é muito importante. Por isso, muitas dessas organizações têm grandes departamentos de gestão de eventos para gerenciar de perto todos os aspectos de cada evento, otimizando os resultados para a organização. Da mesma forma, do ponto de vista do detentor de direitos, se o patrocínio compõe uma parte relativamente pequena do financiamento da organização, faz sentido utilizar recursos externos. No entanto, se a geração de receitas com o patrocínio é fundamental para realizar um evento ou atividade, o investimento em recursos internos será benéfico a longo prazo.

- Os recursos adequados não estão disponíveis externamente por uma razão ou outra, e neste caso a única escolha, exceto a de não realizar a atividade, é encontrar recursos internos.

É claro que a terceirização tem o seu valor e merece a devida consideração antes que as decisões finais sejam tomadas. As principais razões para buscar a ajuda de terceiros são:

- Acesso às melhores práticas onde as competências especializadas são necessárias mas não são essenciais para a competência central do negócio e, portanto, não valem o tempo e a energia necessários para contratar internamente.

- Melhoria da qualidade do serviço que pode ser prestado, principalmente quando o pessoal externo pode especializar-se enquanto o pessoal interno pode ser mais generalista.

- Quando a velocidade para colocar o produto ou serviço no mercado é crítica e não há tempo suficiente para identificar e desenvolver recursos internos com eficácia.

- Para manter a disciplina de custos através da transparência dos custos, talvez onde a clareza do retorno sobre os resultados do investimento total terão impacto sobre as dotações orçamentárias no futuro.

- Para beneficiar-se de flexibilidade na busca de recursos, principalmente onde as atividades são sazonais e os funcionários não podem ser plenamente utilizados durante parte do tempo.

- Minimização da administração de recursos humanos em nível interno, pois as agências terceirizadas geralmente conseguem ter uma gestão menos dispendiosa do que as grandes corporações e instituições.

- Superação das barreiras internas quando um fornecedor externo exerce a autoridade percebida ou presta aconselhamento imparcial que ajuda a organização a avançar em termos de um assunto com o qual talvez tenham grande envolvimento emocional.

Principais lições

- A indústria de patrocínio é forte e está crescendo devido à sua capacidade de permitir que marcas e empresas se envolvam com o público de maneiras significativas.

- Os elementos básicos para a implantação bem-sucedida do patrocínio são complexos e pedem a devida consideração no desenvolvimento e implementação de uma estratégia de patrocínio.

- Os detentores de direitos e patrocinadores podem ter motivações muito diferentes, e elas precisam ser compreendidas e levadas em conta no desenvolvimento de relações de patrocínio.

- O processo de patrocínio não é muito diferente para as duas partes-chave, mas as ênfases diferentes não devem ser negligenciadas.
- Há prós e contras para o desenvolvimento de competências internas e para a terceirização de atividades para empresas especialistas.

Resumo

O patrocínio é uma ferramenta de marketing complexa e o trabalho necessário para a implementação de programas de patrocínio eficazes em nome de uma organização não deve ser subestimada. No entanto, o patrocínio atualmente é um dos meios mais poderosos para as marcas se conectarem com seus clientes no ambiente multicanal e orientado a experiências em que vivemos hoje.

Parte I

Os Patrocinadores

CAPÍTULO 2

DESENVOLVIMENTO DA ESTRATÉGIA DE PATROCÍNIO

 Visão Geral

Este capítulo aborda o processo de criação de uma estratégia robusta de patrocínio para um patrocinador. A teoria é discutida com alguma profundidade e é exemplificada por estudos de caso que demonstram como ela tem sido aplicada na prática.

Este capítulo abrange os seguintes temas:

- Por que uma estratégia de patrocínio é importante?
- Como desenvolver uma estratégia de patrocínio para a organização patrocinadora.
- A estratégia na prática.

O processo de desenvolvimento da estratégia

Segundo pesquisas conduzidas pela ESA, o fator mais importante na obtenção de resultados positivos com patrocínio é ter uma estratégia adequada de patrocínio (ver Figura 2.1).

Isso é importante porque uma boa estratégia dá subsídios para as decisões tomadas sobre os tipos de patrocínios realizados, os tipos de direitos e benefícios que precisam ser adquiridos dos detentores de direitos, a alocação de recursos limitados quando da execução de um programa de ativação de patrocínio e, o que é essencial, como avaliar o sucesso da iniciativa.

Tanto a teoria quanto a prática sugerem uma abordagem composta por seis etapas para o desenvolvimento de uma estratégia robusta de patrocínio para uma organização patrocinadora. As etapas são:

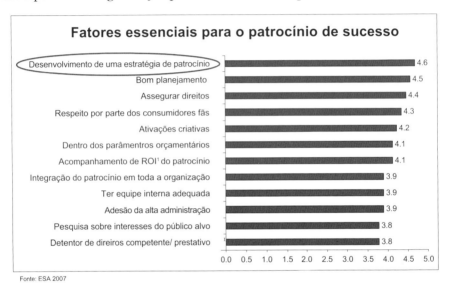

Figura 2.1 Principais fatores para o patrocínio de sucesso
(Reproduzido com permissão da ESA)

1. Descoberta
2. Desenvolvimento
3. Auditoria de carteira
4. Testes de estresse
5. Implementação
6. Revisão

1. Descoberta

Para criar uma boa estratégia de patrocínio, é preciso coletar e analisar vários dados sobre a organização e sobre o ambiente em que ela atua (ver Figura 2.2).

---

1 ROI (Return on investment) – retorno sobre o investimento.

(a) A marca

Um elemento central para uma estratégia de patrocínio eficaz é a compreensão clara sobre a marca da organização. Os tipos de perguntas a serem feitas são:

Figura 2.2 Desenvolvimento de estratégia de patrocínio: fase 1 – **descoberta**

- Qual é a visão da marca?
- Qual é a sua personalidade?
- Que tipo de perfil ela tem?
- Como ela está posicionada no mercado, tanto em relação aos concorrentes e talvez em relação a outras marcas, grandes, pequenas, de nicho, não importa como estas estejam posicionadas?
- Que tipos de atributos a marca tem?
- Quais são a cultura e valores da marca e da organização?
- Qual é a funcionalidade da marca e, o mais importante, quais são os benefícios que ela oferece aos consumidores?

(b) Ambiente interno

Após a aquisição de um profundo conhecimento sobre a marca e seu posicionamento, é o momento de explorar a perspectiva interna mais ampla. Esta ação é dividida em três partes:

Foco de negócios

Quais são as principais atividades do negócio, seus objetivos e prioridades de curto e longo prazo, e qual é a estratégia de marketing que apoia a realização destes objetivos?

Existe também a necessidade de compreender a experiência anterior da organização com patrocínio, que patrocínios foram realizados no passado e em que medida eles foram bem-sucedidos? Existe alguma ação de patrocínio sendo realizada no momento? Quais são as impressões das pessoas sobre estes patrocínios e os resultados que estão sendo obtidos, ou não estão sendo obtidos?

Um fator de importância especial no patrocínio, devido ao tamanho do investimento, é saber o quanto os membros da diretoria entendem sobre o patrocínio e o apreciam como uma disciplina de marketing. Eles entendem como o patrocínio funciona ou apenas o consideram uma oportunidade para terem um apoio que permita fornecer a entrada para que as pessoas venham para algo que eles queiram ver?

 Estudo de caso – Calçados ECCO

 Principais pontos de aprendizagem:

- A alta administração precisa desvencilhar seus interesses pessoais das decisões de seleção de patrocínio.
- A melhor oportunidade de patrocínio pode ser descoberta somente após uma pesquisa aprofundada sobre as oportunidades apresentadas em todo o mercado.

David Sleigh, diretor-geral da empresa de calçados ECCO, tinha clareza absoluta sobre como o patrocínio contribuía para o seu negócio, mas também reconhecia o potencial de descarrilamento das atividades de patrocínio da ECCO se permitisse que sua preferência pessoal pelo *rugby* interferisse com a seleção de um patrocínio que fosse relevante para um desafio empresarial específico (direcionar a comunicação para as trabalhadoras urbanas mais jovens). Ele estava absolutamente decidido a não permitir que seu interesse pessoal interferisse com a melhor

Continua na página seguinte ...

decisão racional a ser tomada para o negócio. A ECCO, na verdade, acabou selecionando uma oportunidade de patrocínio no Museu Victoria & Albert que era completamente adequada para a marca, mas mais distante do *rugby*, impossível!

(Com permissão de David Sleigh)

Recursos disponíveis

As questões mais óbvias sobre recursos giram em torno dos níveis absolutos de investimento que podem ser comprometidos com o pagamento de taxas sobre direitos para um patrocínio e, em seguida, alavancando-o e avaliando-o de forma eficaz. Uma oportunidade de patrocínio pode parecer muito adequada para o negócio, mas se o negócio não é capaz de investir o montante adequado em patrocínio, e nem está disposto a fazê-lo, isso precisa estar entendido desde o início, permitindo que as decisões de patrocínio sejam tomadas com tal consciência. Não faz sentido permitir que uma organização se comprometa com um investimento significativo em pagamento de direitos, ou acredite que extrairá valor disso, se não houver apoio financeiro suficiente para alavancar o investimento por meio da execução dos melhores programas de ativação de patrocínio para as necessidades do negócio. Do mesmo modo, faz pouco sentido permitir que uma organização faça investimentos pesados em um "patrocínio de troféus" se existem outras opções que possam alcançar os mesmos objetivos, mas a um custo financeiro reduzido.

A questão menos óbvia, mas talvez mais significativa, é que recursos humanos podem ser disponibilizados para implementar e gerenciar um programa de patrocínio? Os recursos humanos serão internos, ou será necessário apoio externo? No caso deste último, onde deve começar a busca e que regime de contratação deve ser observado?

Cronograma

É essencial ter clareza sobre o tipo de prazos com os quais a organização trabalha, e como estes podem afetar as decisões de patrocínio. Em determinada época as marcas de confecções mudavam suas coleções duas vezes por ano. Agora, o ciclo de muitas delas foi encurtado para oito semanas. No outro extremo temos a indústria petroquímica, que faz investimentos que talvez só gerem retornos positivos em um prazo de 40 anos. Os tipos de patrocínios que são relevantes para cada indústria serão bastante diferentes.

(c) A perspectiva externa

Como as organizações não existem isoladamente, o ambiente externo deve ser levado em conta. Considerando-se novamente sobre as indústrias de varejo e petroquímica para exemplificar o argumento: elas operam em ambientes muito diferentes, as leis aplicáveis serão diferentes segundo os mercados, e os tipos de pressões dos consumidores enfrentadas pelo negócio ou seus concorrentes também serão diferentes. Algumas indústrias são em grande parte regidas por práticas autorregulatórias, enquanto outras seguem legislações específicas e complexas. As atividades da concorrência também são importantes. Em algumas indústrias pode ser adequado alavancar plataformas muito diferentes de patrocínio como um ponto de diferenciação. Para outras, realizar iniciativas similares de patrocínio pode ser uma ação perfeitamente aceitável, como bancos de investimento e exposições de arte. Logo, não é somente o que os concorrentes estão patrocinando, mas se o patrocínio é visto como um ponto de diferenciação ou uma maneira de adquirir o mesmo *status* que um concorrente ganhou graças às suas atividades de patrocínio.

A fase de descoberta abrange muito trabalho. Alguns dados estarão disponíveis por meio de pesquisa documental interna na organização. O desafio é tentar identificar documentos relevantes, obter acesso a eles e sintetizar as informações. Outros dados relevantes também podem estar disponíveis externamente na Internet ou em bibliotecas. Outro método excelente para coleta de informações é por meio de entrevistas com a diretoria. É possível não apenas coletar ideias e percepções com a diretoria, mas também, ao envolvê-la no processo de desenvolvimento da estratégia, reduzir a probabilidade de eventuais resistências à adoção e implementação da estratégia final. Esta é uma questão crítica que vale a pena ser enfatizada. Se uma estratégia de patrocínio nova ou revisada tem pretensão de ser devidamente aplicada em todos os níveis do negócio, será muito difícil fazer isso caso a alta administração não esteja totalmente de acordo com a estratégia em si, com a necessidade de uma nova estratégia e um desejo de vê-la implementada em toda a organização.

Os dados da pesquisa de mercado são outra fonte valiosa de informações. Talvez seja relevante realizar alguma pesquisa de mercado específica para responder a perguntas-chave que a marca não tenha respondido historicamente no contexto de patrocínio, garantindo que a estratégia atenda plenamente à sua finalidade.

2. Desenvolvimento da estratégia

Após a coleta de todos os dados na fase de **"descoberta"**, eles devem ser sintetizados para compor um esboço inicial de uma nova estratégia de patrocínio. Uma estratégia eficaz de patrocínio abrange os seguintes itens:

- **Justificativa** para o patrocínio dentro do contexto da organização e de sua estratégia empresarial.
- **O papel do patrocínio dentro do mix de marketing**: Se o patrocínio será uma ferramenta estratégica presente em todo o negócio ou se haverá um desejo de usá-lo de forma mais tática e direcionada. Alguns exemplos do primeiro caso são os relatos da Adidas e Red Bull, onde o papel do patrocínio é visto como fundamental, em termos estratégicos, para o sucesso do negócio.
- **Principais objetivos para o patrocínio** – O patrocínio visa a criação de valor no demonstrativo de lucros e perdas, mediante patrocínios com uma linha clara de visão para vendas? Alternativamente, pretende-se que o patrocínio seja em grande parte implantado como forma de construção do valor de **marca** e de gerar impacto positivo no balanço? Talvez a ênfase geral esteja no envolvimento com as comunidades locais e na representação da organização como uma boa cidadã corporativa.
- **O(s) público(s)-alvo chave(s)** – Para algumas organizações este público será bastante amplo, para outras ele pode ser mais restrito em termos de quais públicos elas buscam impactar com o patrocínio.
- **Resultados principais** – Relacionam-se com os resultados que a organização espera obter com o patrocínio. Os resultados podem ser variados, mas incluem mudanças nas métricas de marca, impactos positivos de vendas ou movimentos no preço da ação, uma maior qualidade de candidatos a emprego ou redução na rotatividade de funcionários. Uma visão clara quanto ao que o patrocínio deve entregar permite que a organização esclareça quais são os resultados que precisam ser alcançados e, portanto, onde os recursos devem ser concentrados.

- **Os temas gerais de patrocínio para a organização** – O tema pode ser tão amplo quanto esportes ou um tema que busque envolver um público-alvo específico. Isto ajuda a organização a refletir sobre o que pode ser aceito como uma proposta de patrocínio e quais são os itens que não se enquadram no âmbito da estratégia de patrocínio.

- **Área de impacto e número de patrocínios** – Não faz sentido procurar obter patrocínios que tenham apelo global se a organização atua somente em um único mercado, pois isso resultará em grande desperdício. Da mesma forma, muitas vezes tem-se a impressão que uma plataforma de patrocínio "**global**" pode funcionar bem na maioria dos mercados em que uma organização atua, mas pode haver vários mercados onde oportunidades alternativas serão mais eficazes para o alcance dos objetivos. Se você está à frente de um negócio global, faz sentido ter um patrocínio global. Se você representa um negócio único em apenas um mercado, é um desperdício gastar dinheiro em um patrocínio global a menos que você tenha grandes ambições de exportar. O número ideal de patrocínios girará em torno do tipo de recursos a serem disponibilizados em termos de gestão de pessoas. Os patrocínios, mesmo se forem bem gerenciados, são um trabalho difícil e exigem muito dos recursos humanos. Se houver patrocínios em demasia, os recursos para gerenciá-los com eficácia não estarão disponíveis, e os resultados também serão reduzidos. Pouca atenção será dedicada ao alcance dos melhores resultados, já que a ênfase estará, principalmente, em "manter todos os pratos girando no ar". A discussão interna sempre enfatizará o mais alto nível de relevância para o mercado local, com a percepção de uma maximização de resultados associados em comparação com as economias de escala oferecidas por uma plataforma global. Não há uma resposta "correta" para esta pergunta e cada organização precisará refletir sobre a questão no contexto de seu ambiente operacional.

- **Cronogramas para revisão** – É muito importante ter um calendário para as revisões de estratégia. Ele deve refletir diretamente os prazos em que a empresa opera.

- **Papel dos patrocínios atuais** – Antes que se chegue a um acordo sobre uma nova estratégia de patrocínio, é preciso considerar se e como qualquer patrocínio atual se encaixa com a nova abordagem. Esta questão é abordada na fase 3 do desenvolvimento da estratégia de patrocínio, a **auditoria de carteira**.

Estudo de caso – Marca global de serviços financeiros

 Principais pontos de aprendizagem:

- A definição clara de metas – tanto os públicos quanto os objetivos - é crítica para o sucesso do patrocínio.
- Uma estratégia de patrocínio não precisa ditar exatamente o que deve ser patrocinado – pelo contrário, fornece uma orientação que pode ser adaptada às circunstâncias do mercado local.

Figura 2.3 Os públicos-alvo do patrocínio da organização

Esta empresa global de serviços financeiros reconheceu que estava investindo em um grande número de patrocínios em todo o mundo para apoiar seus interesses comerciais. Contudo, acreditava que precisava de uma estratégia mais **robusta** para orientar os mercados locais na seleção de projetos específicos de patrocínio. Por meio de um processo de revisão, ela identificou os principais públicos-alvo para o patrocínio, como é mostrado na Figura 2.3.

O principal público-alvo foi definido como **os consumidores** e **envolvimento dos consumidores** nas atividades da empresa, mas houve também uma vertente forte que incidiu sobre as **comunidades**. O patrocínio foi usado para contribuir para as comunidades, principalmente em termos de envolvimento com outros líderes influenciadores e **partes interessadas** na localidade. Em terceiro lugar, e sem causar surpresa em uma organização desse porte, os patrocínios também visaram **impactar os colegas** com o objetivo de influenciar a percepção dos funcionários da empresa como uma empregadora interessante, ou seja,

Continua na página seguinte ...

uma empresa admirada. A organização definiu as fontes de valor que espera que os investimentos de patrocínio oferecessem em termos de um impacto positivo sobre a marca e/ou o próprio negócio como:

- Geração de negócios.
- Reputação da marca.
- Exposição da marca.
- Engajamento interno.
- Negócios diretos.
- Experiência do espectador.
- Vendas de serviços financeiros pessoais.

A empresa considera o patrocínio como uma ferramenta de marketing bastante flexível que pode ser ativada de várias maneiras para enfrentar os desafios específicos do mercado. É importante que exista clareza em torno dos objetivos de patrocínio de forma que ele seja ativado da maneira certa e receba a provisão orçamentária correta. Além disso, objetivos claros também garantem que a forma como o orçamento de ativação de cada patrocínio é alocado seja direcionado para fazer o patrocínio atuar e cumprir seus objetivos específicos. A empresa reuniu as várias vertentes de sua estratégia de patrocínio em uma visão definida para o patrocínio:

> "Estamos empenhados em envolver a próxima geração pela via de experiências no esporte e nas artes em todo o mundo, desenvolvendo valores para a vida que reflitam (nossa) visão e valores."

A visão do patrocínio baseia-se na **conexão com os jovens** e na coerência com todo o conjunto de patrocínios. A **visão** é o fio coerente tecido por meio da ativação dos patrocínios da empresa e privilegia o desenvolvimento da juventude, promoção de avanços na educação e acolhimento das comunidades em algumas ou todas as ativações de patrocínio. Em essência, a visão baseia-se essencialmente na conexão com os jovens, a próxima geração de consumidores, por meio do incentivo às atividades esportivas e artísticas. A visão, no entanto, não dita o que patrocinar ou como patrocinar, mas é uma abordagem consistente para um fluxo de ativação que agrega valor às partes interessadas e à marca. Agora, mais de **80%** dos patrocínios locais da empresa são ativados com um elemento de juventude, educação, e comunidade.

A política de patrocínio

O outro recurso fundamental para a implantação bem-sucedida da estratégia é a existência de uma política de patrocínio definida com clareza. A política de patrocínio é muito mais focada nos aspectos gerenciais da estratégia de patrocínio. Esses aspectos incluem detalhes dos diferentes papéis envolvidos nos seguintes itens: a) Quem será responsável pela execução dos patrocínios?; b) Quem são os responsáveis pela tomada de decisões; c) Quem são os apoiadores; e d) Quem implementará cada patrocínio selecionado? A política também contém orientações sobre como selecionar um patrocínio – por exemplo: uma lista de quais benefícios de patrocínio devem ser incluídos em qualquer acordo de patrocínio. Se o patrocinador estiver em busca de uma oportunidade *business-to-business* (B2B), o **entretenimento** será importante. Se a ênfase estiver mais na construção da marca, as oportunidades para ***branding***[2] e criação de conscientização sobre a marca serão mais críticas para a empresa, e são descritas aqui.

A questão financeira também deve ser abordada pela política de patrocínio. Isso inclui a forma como os patrocínios serão financiados pela corporação, que frequentemente é uma questão fundamental. A medida em que há uma preferência por oferecer o valor em espécie ou marketing em espécie ao invés de, ou em conjunto com, um pagamento em dinheiro também deve ser comunicado. O valor em espécie pode ser o fornecimento de tecnologia ou habilidades que são um componente importante da oferta que a organização possa fazer aos detentores de direitos. O *marketing* em espécie também pode ser valioso para um detentor de direitos se o patrocinador for capaz de amplificar os próprios esforços de marketing da propriedade em canais relevantes.

O grau em que a exclusividade do patrocínio ou da categoria é relevante também deve ser abordado. Para algumas empresas, a "propriedade" total do patrocínio é importante para garantir que apenas sua marca esteja associada com a propriedade e somente eles tenham acesso aos benefícios da propriedade. Outras empresas podem procurar oportunidades multipatrocinador como uma maneira de construir sua própria estatura de marca, sendo vistas como uma empresa de qualidade.

A empresa também pode estipular algumas exclusões ou restrições que influenciem a seleção ou ativação de patrocínio. Algumas marcas talvez não queiram patrocinar indivíduos, por perceberem que eles represen-

---

2   *Branding* é o conjunto de ações ligadas à gestão da marca.

tam um risco alto. Outras podem optar por não patrocinar atividades onde haveria um risco relativamente elevado de lesão para os participantes e espectadores. Muitas empresas determinam que não patrocinam nada que seja **discriminatório**, em apoio a suas políticas mais amplas de inclusão e de diversidade.

A política irá detalhar as etapas do processo de seleção de patrocínio da empresa e determinar quem deve ser envolvido nas decisões de seleção. É extremamente importante estabelecer os critérios que serão utilizados para avaliar propostas de patrocínio. Critérios claramente definidos também são úteis porque ajudam a remover a emoção da avaliação de patrocínio e do processo de seleção. Mais informações sobre a seleção de patrocínio podem ser encontradas no Capítulo 3.

Para concluir, a política de patrocínio deve definir como os resultados de patrocínio serão avaliados, descrevendo o tipo de dados que precisam ser coletados e analisados, os processos que terão de ser realizados, o cronograma e regularidade das revisões, e quem será responsável pela revisão e comunicação dos resultados.

 ## 3. Auditoria de carteira

Após a criação das versões iniciais da estratégia de patrocínio e política de patrocínio, o próximo passo é entender o impacto da estratégia proposta em quaisquer patrocínios já existentes. Uma ferramenta simples para ajudar neste processo é uma matriz de quatro quadrantes, conforme ilustrado na Figura 2.4.

Figura 2.4   Matriz de auditoria de carteira

Estrelas

Estrelas são aqueles patrocínios que oferecem retornos notáveis em termos de desempenho empresarial e construção do valor da marca, e continuarão a fazê-lo no âmbito da nova estratégia proposta. A ênfase dali em diante será sobre investimentos que alavanquem os benefícios da marca e garantam a manutenção ou aumento do impacto positivo nos negócios.

Extras

No outro extremo da escala estão os "extras". São os patrocínios que terão um desempenho fraco sob a nova estratégia. Será preciso tomar decisões sobre como minimizar o investimento e exploração. O foco recairá sobre fazer o mínimo necessário para que estes patrocínios atinjam o ponto de equilíbrio enquanto se planeja uma saída elegante.

Cameos (participação especial)

Os patrocínios *Cameo* são aqueles que trazem resultados concretos em termos da construção do valor da marca segundo a estratégia de patrocínio proposta, mas têm menor impacto sobre os resultados financeiros. Não há problemas em reter esses patrocínios contanto que eles continuem a entregar benefícios para a marca, mas todas as oportunidades para aumentar seu desempenho de negócios devem ser exploradas.

Produção

Estes são os "burros de carga" da carteira de patrocínio, que continuarão a gerar grandes somas de dinheiro no âmbito da estratégia proposta, mas talvez não sejam considerados muito interessantes. É preciso concentrar recursos na manutenção de seu desempenho empresarial, e dedicar algum esforço para identificar formas de aumentar sua contribuição para a marca.

 4. Testes de estresse

Quando você estiver convencido que a estratégia proposta levou em conta quaisquer patrocínios atuais e os resultados prováveis de se adotar a estratégia para a organização forem entendidos, o próximo passo é fazer um teste de estresse para avaliar a nova estratégia perante um público mais vasto.

Internamente, o projeto de estratégia deve ser revisto com as pessoas-chave. O objetivo é identificar áreas de resistência, se o sentimento é neutro ou mesmo se ele é percebido como adequado à sua finalidade. A resistência inicial não deve ser vista negativamente, mas como uma oportunidade para trazer à tona e resolver as questões mais importantes, ou mesmo as menores, que podem ser solucionadas com bastante facilidade. Da mesma maneira, você pode perceber que elaborou algo genial mas ainda não sabia que a direção pretende levar a empresa em um rumo totalmente diferente.

Os testes internos de estresse também apresentam oportunidades para identificar equívocos. Pode haver uma falta de compreensão sobre o patrocínio, seu papel e aplicação, ou pode haver equívoco sobre a revisão da estratégia como um todo. O teste de estresse deve ser visto como uma maneira de atrair as pessoas para o processo, para que suas vozes sejam ouvidas, para lidar com seus problemas de uma forma útil e positiva, e, para identificar quem são seus inimigos em potencial à medida que você avança no projeto. Ele também ajuda a definir os critérios de sucesso que devem ser adotadas na implementação desta nova estratégia.

Após ter reunido as perspectivas internas e refinado a estratégia nesse sentido, pode ser válido avaliar os impactos externos da estratégia antes que seja implementada. Uma maneira de fazer isso é realizar pesquisas entre os principais públicos-alvo para entender se eles irão aceitar a nova direção futura, ou se ela pode fazer com que eles tenham atitudes antagônicas com a marca. É provável que a pesquisa seja um trabalho de **grupo de foco**, em vez de um grande estudo quantitativo. Isso permitirá que você seja capaz de investigar a fundo como as pessoas se sentem, ao mesmo tempo em que restringe a pesquisa em termos do número de pessoas expostas ao seu raciocínio, visando manter a confidencialidade. Mesmo se o processo for bastante informal, a pesquisa destacará quaisquer preocupações entre os principais públicos-alvo e pode gerar alguns *insights* valiosos por parte dos clientes e outros interessados sobre como você pode aumentar o impacto positivo da nova estratégia. Os clientes, em especial, muitas vezes têm uma perspectiva bastante autêntica sobre a marca, e algumas boas ideias sobre o que poderia ser feito de um jeito melhor.

5. Implementação

Uma vez que você esteja totalmente convencido de que a estratégia vai funcionar e que os riscos da implementação tenham sido minimizados mediante o teste de estresse, a primeira etapa da implementação eficaz é adotar um programa intenso de convencer as pessoas da organização. Em seguida, será preciso avaliar como sair de patrocínios que não são mais apoiados pela estratégia, e comunicar a nova estratégia externamente se for o caso.

Externamente, pode ser apropriado fazer um "grande barulho" e anunciar que há uma nova direção estratégica de patrocínio. Em outras ocasiões, principalmente se você puder ser acusado de fazer cortes no investimento em patrocínio, pode ser melhor apenas permitir que a nova estratégia acomode-se em seu lugar sem torná-la muito visível.

Se foram identificadas lacunas na carteira de patrocínio, em termos do alcance de objetivos de negócios, agora é a hora de iniciar o processo de pesquisa e de seleção. Isso pode demorar mais tempo do que você imagina porque, como ocorre no recrutamento de recursos humanos, a realização de um processo amplo para garantir que uma amostragem significativa de oportunidades seja revista, isso inevitavelmente, exigirá um significativo investimento de tempo para encontrar as melhores soluções.

6. Revisão

A implementação de uma nova estratégia é estimulante e desafiadora, mas também é importantíssimo lembrar que essa estratégia precisa ser revista periodicamente. O objetivo é verificar os resultados que a estratégia está trazendo, se o negócio mudou nesse meio tempo, e se a estratégia ainda é adequada à finalidade que se propôs. O resultado dessa verificação pode ser que a estratégia deve ser refinada ou completamente reconstruída à luz dos novos imperativos de negócio.

Antes de uma análise formal, a coleta de respostas internas informais sobre o que os principais influenciadores acham do funcionamento da estratégia será imprescindível para a obtenção de resultados favoráveis. É preciso coletar os dados de acordo com os critérios de sucesso pré-estabelecidos e segundo a maneira como se espera medir o desempenho, e tome providências para que os resultados alcançados sejam comunicados. As oportunidades para a melhoria, adaptação ou mudança sutil da estratégia visando benefícios maiores podem ficar claras ao longo do caminho.

A frequência das revisões será identificada no processo geral de definição da estratégia. Uma revisão completa em qualquer momento específico que tenha sido definido na estratégia deve ser realizada para assegurar que ela continue a oferecer resultados para a marca e para o negócio. Em termos gerais, dependendo do tempo de ciclo do negócio, uma revisão completa deve ser realizada, em média, uma vez em um período de 3 a 5 anos. Alternativamente, a revisão pode ser motivada por um grande patrocínio que está em vias de ser renovado, e este será o prazo adequado se a organização adotou uma estratégia de patrocínio único.

Estudo de caso – Revisão da estratégia

Principais pontos de aprendizagem

- É possível que as revisões de estratégia precisem ser realizadas mais cedo do que o planejado em um ciclo regular, por causa de uma grande mudança interna dentro de uma organização ou de uma mudança externa no ambiente em que a empresa atua.
- As revisões de estratégia não significam necessariamente o corte de patrocínios, mas apoiam a organização na adoção de uma abordagem disciplinada para investimentos de patrocínio.

Em 2005, quando a Siemens vendeu sua divisão de celulares para a BenQ, ela também perdeu o patrocínio da camiseta da equipe de futebol Real Madrid. Isso acarretou a redução de visibilidade da marca, o que levou a Siemens a reavaliar sua abordagem de patrocínio.

A fase de descoberta envolveu o seguinte:

- Pesquisa para identificar que patrocínios eram usados pelos concorrentes e como eles eram maximizados para gerar valor.
- Um longo processo de entrevistas com a diretoria de todos os quadros superiores em 22 divisões no Reino Unido sobre as atividades, processos decisórios e aspirações da Siemens.

A partir dessa atividade, a Siemens desenvolveu uma estratégia de patrocínio baseada em uma abordagem de portfólio. A atividade harmonizou um enfoque londrino com um alcance regional para reverberar em todos os negócios da Siemens no Reino Unido. A estratégia também destilou seis objetivos principais de patrocínio e criou um modelo de tomada de decisões para orientar investimentos futuros.

Continua na página seguinte ...

> O resultado deste processo foi uma série de patrocínios vitoriosos, incluindo uma relação contínua com o Science Museum de Londres (com exposições itinerantes), um relacionamento recorde de seis anos com o GB Rowing, com a feira The Big Bang Young Scientists and Engineers em Manchester e, mais recentemente, o anúncio de um novo patrocínio internacional da Academy of St Martin in the Fields, em Londres. *(Reproduzido com permissão da Siemens plc)*

Conclusão

Uma questão relacionada com a criação e implementação de uma estratégia robusta de patrocínio é se ela realmente **vale o esforço necessário para criá-la**. O principal argumento a favor do desenvolvimento de uma estratégia é que o alinhamento e o foco que contribuem para objetivos de longo prazo significam que o patrocínio torna-se muito mais integrado na organização, mais relevante e mais valorizado como uma disciplina de marketing. Ter uma estratégia documentada também dá aos novos gerentes com responsabilidades pelo patrocínio a oportunidade de entender o que a organização estava tentando conseguir quando essa estratégia foi definida, para capacitá-los a avaliar se os objetivos principais foram alcançados e se a estratégia continua a ser adequada à sua finalidade.

Com a política de patrocínio, o esclarecimento da posição da empresa para o mercado externo deve trazer o benefício de reduzir o número de abordagens especulativas que não são adequadas ao negócio. Ele torna a avaliação de propostas mais fácil e as rejeições inequívocas quando as oportunidades não satisfazem os critérios de seleção da política.

Principais lições

- O apoio da diretoria é essencial para desenvolver e implementar uma nova estratégia de patrocínio. Sem o apoio da diretoria, será muito difícil conseguir que a organização aceite a estratégia. As pessoas geralmente gostam da situação atual e não gostam de mudanças e, especialmente em termos de patrocínio, pode haver diretores com interesses pessoais em alguns projetos que sejam de sua estima e que a nova estratégia identifica como projetos com desempenho aquém do esperado. O gerente de patrocínio por si só não será eficaz nessas circunstâncias.

- A estratégia de patrocínio não é um projeto que, uma vez concluído, pode ser arquivado. É uma atividade dinâmica, um processo iterativo, e seus elementos precisam ser revistos com regularidade. Isso não quer dizer que a revisão precise ser mensal, mas ela deve estar alinhada com a frequência com que seu negócio muda.
- Uma estratégia de patrocínio robusta facilita o alinhamento, seja dentro do departamento de patrocínio, da equipe de marketing, entre outros departamentos, outras divisões ou mercados.

Resumo

Uma estratégia de patrocínio robusta é amplamente aceita como essencial para o sucesso do patrocínio porque contribui para as decisões de seleção, direciona o investimento de execução para as atividades voltadas para a realização de objetivos, e destaca os principais indicadores de desempenho que devem ser monitorados para fornecer um relatório sobre o sucesso do patrocínio.

CAPÍTULO 3

PLANEJAMENTO PARA O SUCESSO

 Visão Geral

Este capítulo é dedicado ao processo de seleção de patrocínios. Após os responsáveis terem desenvolvido a estratégia de patrocínio e identificado que o patrocínio é a abordagem correta para a organização, o próximo passo é transformar a estratégia em planos de ação que culminarão na pesquisa, seleção e negociação do(s) patrocínio(s) correto(s) que se adequa(m) às necessidades de negócio e de marca da organização. Este capítulo abrange os seguintes temas:

- Critérios de seleção e mecanismos de seleção de patrocínio.
- Aquisição dos direitos apropriados.
- Diferentes maneiras de pagar pelos direitos.
- Algumas questões sobre contratação.
- Como lidar com o "capricho do presidente".
- Erros comuns na seleção de patrocínios e como evitá-los.

 O processo de planejamento

Há mais de 150 anos Abraham Lincoln destacou a importância de um bom planejamento quando disse:

> "Se eu tivesse oito horas para cortar uma árvore, eu passaria seis horas afiando o serrote."

O **planejamento** não é menos importante no patrocínio, e o desenvolvimento de um plano bem fundamentado de patrocínio é reconhecido como o segundo fator mais importante para garantir um patrocínio de sucesso, segundo a pesquisa da ESA em 2007 (ver Figura 2.1).

Estabelecimento da necessidade de um novo patrocínio

O planejamento no contexto do processo de patrocínio começa quando se decide se um novo patrocínio é **essencial** para alcançar os resultados desejados (ver Figura 3.1).

Como discutido no Capítulo 2, a estratégia de patrocínio é derivada da estratégia de *marketing* e de negócios que identificará os principais públicos-alvo em termos de seus aspectos sociodemográficos, seus interesses pessoais e do tipo de prioridades que são relevantes para suas vidas. A estratégia global de negócios terá vários objetivos, sejam eles relacionados com a construção da marca, objetivos de orientação mais comercial, ou objetivos mais intangíveis que preveem o envolvimento com as principais partes interessadas, tais como o governo ou organizações não governamentais (ONGs).

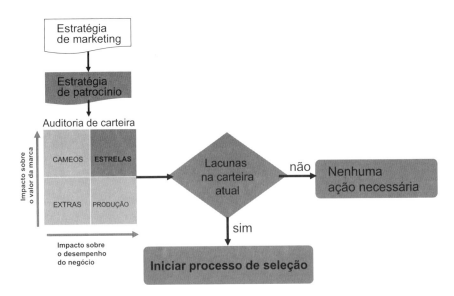

Figura 3.1 Decisão sobre a necessidade de um novo patrocínio

Uma vez que exista certeza quanto à estratégia global, a atual carteira de patrocínios deve ser revista para identificar se existem propriedades de baixo desempenho que devem ser encerradas, e se há oportunidades para extrair mais benefícios de determinados patrocínios visando alcançar os objetivos desejados. Talvez seja o caso de trabalhar com os patrocínios *cameo* ou **"produção"** com mais afinco para torná-los **"estrelas"** em vez de simplesmente sair no mercado e adquirir algo novo para solucionar um problema específico. Um processo de seleção de patrocínio deve ser iniciado somente se forem identificadas lacunas na carteira.

 ## Concordância quanto aos critérios de seleção

Antes de iniciar um processo de pesquisa, a primeira ação necessária é chegar a um acordo sobre os critérios de seleção para julgar e comparar possíveis patrocínios. Alguns dos elementos que podem ser considerados são apresentados abaixo.

 ### Critérios de seleção de patrocínio

O nível de "apropriação" exigido de uma propriedade, a fim de atingir os objetivos definidos de patrocínio.

- Você talvez queira ser um fornecedor para uma propriedade porque ela se harmoniza com os objetivos de divulgação de seus produtos e serviços?
- Você talvez deseje estar em um ambiente multipatrocinador que agregue benefícios à sua personalidade jurídica, sendo visto na companhia de boas organizações. Um bom exemplo é o Corporate Partners Programme (Programa de Parceiros Corporativos) no Museu Britânico.

O quão passível de exploração a parceria precisa ser?
- Isso depende muito de seus objetivos.
- Se o objetivo for primordialmente uma oportunidade de hospitalidade *business-to-business*, o principal requisito será o de atrair audiências-chave para participar dos eventos proporcionados, enquanto a publicidade da propriedade só é relevante na medida em que aumentar a percepção sobre a exclusividade da oportunidade.

- Um produto global orientado ao consumidor vai precisar de um patrocínio que possa ser anunciado de várias maneiras para satisfazer as necessidades ligeiramente diferentes de mercados distintos.

Presença geográfica do patrocínio

- Não faz sentido algum ter um patrocínio multinacional se a empresa do patrocinador opera em apenas um mercado, a não ser que o objetivo de patrocinar um evento multinacional seja criar a percepção de que a organização patrocinadora talvez seja mais forte do que é na realidade.
- Um bom exemplo é o banco Lloyds TSB, sediado no Reino Unido, que escolheu ser um dos patrocinadores do Comitê Organizador de Londres para os Jogos Olímpicos, em vez de ser parceiro do Comitê Olímpico Internacional, porque o banco não tem clientes fora do Reino Unido.

Direitos e benefícios disponíveis

- Que ativos são essenciais para o patrocínio ser eficaz e que benefícios são apenas desejáveis de se ter disponíveis?
- Pode haver alguns outros direitos úteis que o detentor de direitos ainda não tenha oferecido e que têm grande relevância para seus objetivos específicos de patrocínio.

Análise SWOT (sigla em inglês para forças, fraquezas, oportunidades e ameaças) da propriedade de patrocínio

- Essa análise pode incluir a macroanálise quando se considera ameaças como o terrorismo, ONGs hostis, legislação etc

Disponibilidade de dados para avaliação

- Isso dependerá dos indicadores-chave de desempenho.
- Verifique que tipos de dados o detentor de direitos já tem disponíveis que possam ser úteis. Por exemplo, é possível fazer economia de o detentor de direitos já tem dados que compartilha com copatrocinadores.

Qualidade do detentor de direitos

- Um dos melhores guias para este item é o histórico de desempenho do detentor de direitos de cuidar de seus patrocinadores e, principalmente, ao retê-los ao longo do tempo.

- No entanto, pode haver momentos em que uma marca tem que estar preparada para assumir um risco sobre um detentor de direitos desconhecido e sem um histórico comprovado. Por exemplo, o desenvolvimento de esportes radicais apresenta uma plataforma ideal para algumas marcas, mas foi inicialmente organizado por detentores de direitos não-tradicionais.

ROI e ROO previstos

- Em algum momento, é provável que um ocupante de um cargo sênior na organização do patrocinador indague quais são os retornos previstos, seja em termos de retorno sobre o investimento (ROI, na sigla em inglês) ou de retorno sobre os objetivos (ROO, na sigla em inglês).
- A criação de uma **taxa de retorno "mínima"** e resultados de modelagem para dar um indicativo de retornos em cenários conservadores e agressivos ajudará consideravelmente na comparação de oportunidades de patrocínio distintas.

Descrição de plano de ativação

- Como parte do processo de seleção, sugere-se criar uma descrição de um plano de ativação
- a fim de comparar a exploração potencial e, portanto, que patrocínios proporcionarão o maior escopo para obter o resultado desejado.

Pesquisa primária/ secundária de validação

- Pode haver uma pesquisa primária que diga que determinados tipos de propriedades serão mais relevantes para a marca. Alternativamente, pode haver uma simples exigência de ver alguma pesquisa que dê uma indicação sobre a demografia da propriedade-alvo e como essa demografia se alinha com a demografia do público-alvo do patrocinador.

Parâmetros práticos

Estes critérios de seleção têm que necessariamente ser comparados com alguns parâmetros bastante práticos.

- **Orçamento** – Quanto dinheiro será disponibilizado para a compra e alavancagem de direitos de patrocínio?
- **Pessoas** – Que tipo de pessoas serão necessárias para implementar o pa-

trocínio? Elas são acessíveis, incluindo operações, publicidade, relações públicas, promoções de vendas, etc

- **Prazos** – Estes podem ser usados para tomar decisões de seleção e implementação.

- **Exclusões específicas** – Estas podem dizer respeito a uma preferência por não patrocinar indivíduos ou determinados tipos de atividades, tais como evitar esportes perigosos como o automobilismo.

Propriedades da pesquisa

O processo de busca de patrocínio só começa uma vez que exista consenso quanto aos critérios de seleção. O desafio é manter a mente aberta e explorar um conjunto de oportunidades em todo o espectro de possibilidades de patrocínio enumeradas no Capítulo 1.

A todas essas possibilidades acrescenta-se a tendência crescente de propriedades de patrocínio "feitas em casa". Isso ocorre quando não existe uma propriedade que realmente atenda às necessidades da marca, e onde a marca tem o desejo e os recursos para criar sua própria propriedade de patrocínio – por exemplo, o Red Bull Air Race, que é de propriedade da Red Bull. Essa estratégia tem sido muito bem-sucedida para a Red Bull, mas as marcas devem se lembrar de se concentrar no que é essencial para seu negócio. Criar e estabelecer uma nova propriedade vai exaurir os recursos da organização. Portanto, deve ser feita uma análise meticulosa dos riscos e recompensas para verificar se a proposta não representará um fardo excessivo para a organização e se não traz consigo, como consequência, a possibilidade de prejudicar as fontes de receitas primárias.

Metodologias de avaliação de patrocínio

Depois de pesquisar possíveis propriedades, o próximo passo é selecioná-las segundo um critério de exclusão e depois avaliá-las em relação aos critérios pré-determinados de seleção a fim de desenvolver uma lista das oportunidades com mais potencial. Devido à quantidade de análises que terão de ser realizadas antes da tomada de uma decisão final, recomenda-se que a lista de seleção não contenha mais do que **cinco propriedades**, sendo **apenas três delas preferíveis**. Quando houver um consenso sobre a lista, há vários métodos para avaliar cada patrocínio a fim de fazer comparações entre as várias propriedades. Quatro destes métodos são discutidos a seguir.

1. Árvores de decisão.

Quando os critérios de seleção são relativamente objetivos, e o tipo de propriedade é bem compreendido pela organização, é possível desenvolver uma árvore de decisão pela criação de uma série de perguntas com respostas **sim/não** para orientar a tomada de decisão.

Estudo de caso – Árvore de decisão para patrocínio de transmissão

Principais pontos de aprendizagem:

- Algumas decisões de seleção de patrocínio podem ser tomadas pelo desenvolvimento de maneiras de tomar decisões que sejam fáceis de usar, poupem tempo e sejam transparentes.
- Elas também têm o benefício de transcender as diferenças culturais para as marcas que atuam além das fronteiras nacionais.

Principalmente no caso do esporte, mas, ocasionalmente no patrocínio cultural, existe tanto a oportunidade e a pressão para patrocinar a transmissão de um evento relativo a uma atividade patrocinada em um ou mais mercados. Isso pode levar a uma estratégia incoerente, na qual o patrocínio de transmissão acaba sendo realizado de forma arbitrária em alguns mercados, mas não em outros. Uma marca tratou desta questão com a criação de uma árvore de decisão para ajudar os gerentes de empresas locais a decidir se o investimento em patrocínio de transmissão relacionado ao patrocínio era adequado para cada mercado.

Continua na página seguinte ...

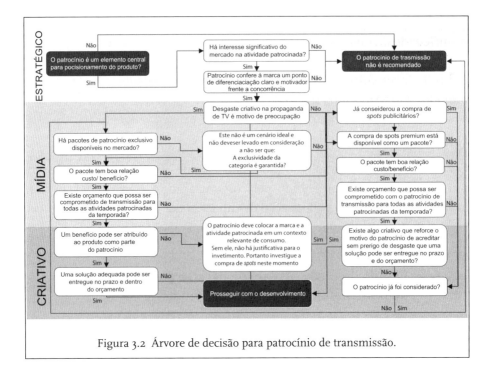

Figura 3.2 Árvore de decisão para patrocínio de transmissão.

Tabela 3.1 Exemplo da metodologia de pontuação absoluta.

Critérios	Propriedade A Pontuação até 10	Propriedade B Pontuação até 10
Quantidade de exposição global da marca	8	6
Correspondência entre os atributos de marca da propriedade e a marca do patrocinador	6	9
Oportunidades de engajamento dos funcionários	4	8
Potencial explorável de oportunidades de patrocínio para a marca	8	7
Atratividade da hospitalidade para nosso público-alvo	8	6
Potencial de geração de negócios	6	9
Pontuação Total	40	45

2. Pontuação absoluta em comparação com os critérios de seleção.

Esta metodologia talvez seja a mais simples de se criar, visto que cada critério de seleção predeterminado recebe uma pontuação máxima de 5 ou 10, ou algum outro número, e as pontuações finais são somadas para fornecer dados que permitem a comparação direta entre propriedades diferentes, como é mostrado no exemplo fictício na Tabela 3.1.

Enquanto a propriedade A neste exemplo tem uma boa pontuação para exposição global de marca, potencial explorável e boa hospitalidade, a propriedade B a supera em termos de atributos da marca e potencial de geração de negócios, o que torna a propriedade B a **melhor opção** para o patrocinador.

Esta metodologia é adequada para os casos em que o investimento de patrocínio é relativamente pequeno ou onde se torna claro que, após pesquisas subsequentes, existe uma **propriedade na lista** que se **destaca** das outras como a opção preferida.

No entanto, decisões de investimento mais significativas e/ou complexas podem ser mais bem fundamentadas com a utilização da terceira metodologia: critérios ponderados de seleção.

3. Critérios ponderados de seleção.

O ponto de partida para a metodologia de critérios ponderados de seleção é semelhante à metodologia apresentada na Tabela 3.1 e é normalmente mais fácil de se implementar com a utilização de uma planilha de computador.

Assim, ao invés de alocar a mesma pontuação máxima para cada critério, ou atribui-se pontuações máximas diferentes ou aplica-se um multiplicador para diferenciar os critérios que têm maior importância no processo de tomada de decisão. Este é um sistema que tem sido empregado há algum tempo por uma marca multinacional de telefonia móvel para orientar suas decisões de seleção de patrocínio.

Estudo de caso – Marca multinacional de telecomunicações móveis

Principais pontos de aprendizagem:

- A ponderação das pontuações enfatiza os critérios que são mais importantes no processo de seleção.
- A ponderação dos critérios de seleção pode ser facilmente alterada para atender a novas circunstâncias do mercado.

Continua na página seguinte ...

O exemplo ilustrado na Figura 3.3 mostra que os critérios para esta marca são: construção de valor da marca e criação de consciência, oportunidades de responsabilidade social corporativa, motivação dos funcionários, gestão de relacionamentos, demonstração de seus produtos, ou até mesmo conseguir períodos de experimentação para eles, fornecimento de conteúdo exclusivo seguido de suporte de vendas e algum tipo de plataforma de integração.

O retângulo no lado direito da Figura 3.3 mostra que, no momento em que esta ponderação específica estava em uso, o critério mais importante para a empresa era a **construção de valor da marca**, seguido pela **criação de conscientização** sobre a marca. A construção de valor da marca provavelmente teria uma ponderação menor agora porque as marcas de telecomunicações móveis, e isso é fato na Europa, amadureceram e seu foco agora é conquistar participação de mercado. O resultado de tudo isso é um gráfico (Figura 3.4). As colunas na figura representam as ponderações relativas dos critérios de seleção de patrocínio da marca. A linha mostra como um patrocínio específico se saiu em relação aos critérios de ponderação. Embora este projeto recebeu uma pontuação global de **81%**, que poderia seria considerado um bom resultado, é somente quando se avalia os elementos específicos que a situação real é percebida.

Priorização das Funções		Classificação em %
Por favor, avalie os nove papéis a seguir em ordem de importância (Escala:1 maior prioridade; 9 = menor prioridade)	No.	100%
Contrução de valor da marca	1	26%
Conscientização sobre a marca	2	15%
Responsabilidade social corporativa (RSC)	5	10%
Motivação dos funcionários	9	2%
Gestão de relacionamentos	3	14%
Demonstração / Teste de produtos	4	13%
Conteúdo exclusivo	6	9%
Suporte de vendas	7	8%
Plataforma de integração	8	3%

Figura 3.3 Critérios ponderados de seleção para patrocínio

Continua na página seguinte ...

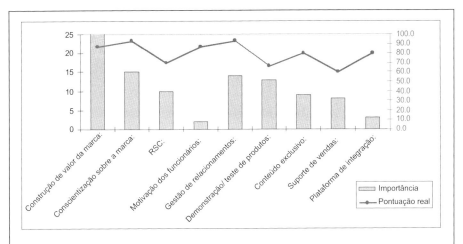

Figura 3.4 Ilustração dos resultados a partir dos critérios ponderados

Este projeto teve boa pontuação na construção de valor da marca, mas também teve pontuações altas nos quesitos **"Motivação dos funcionários"** e **"Plataforma integrada"**, que, na época, não eram muito importantes para a empresa. Na verdade, a propriedade em geral ficou com uma pontuação ligeiramente baixa no critério mais importante de construção de valor da marca, e teve pontuação muito alta em praticamente todos os critérios. Somente o critério demonstração/teste de produtos foi o que mais aproximou-se dos requisitos ponderados da empresa.

Esta metodologia pode ser aplicada para determinar as decisões de investimento de patrocínio ou pode ser usada como fonte de discussões internas que tenham por objetivo examinar como pode ser criado um melhor ajuste entre um patrocínio proposto e as exigências específicas de uma organização.

4. Julgamento qualitativo.

Esta metodologia prevê uma avaliação mais qualitativa da adequação de uma propriedade às necessidades do patrocinador.

Estudo de caso – Empresa global de serviços financeiros

 Principais pontos de aprendizagem:

- Uma pré-seleção simples elimina as propostas irrelevantes a fim de reduzir o peso da avaliação sobre a organização do patrocinador.
- A avaliação qualitativa não exclui a necessidade de criação de métricas de sucesso antes de uma decisão de patrocínio ser tomada.

Esta empresa utiliza uma abordagem composta por três fases para avaliar patrocínios:

- A **fase 1** compreende uma pré-triagem de todas as propostas de patrocínio recebidas, quando serão eliminadas as que não atendem aos **critérios-chave** da empresa. A ação garante que os recursos sejam gastos apenas no exame das oportunidades que tenham o maior potencial para a organização.
- A **fase 2** compreende uma avaliação qualitativa, examinando primeiro se um determinado patrocínio é adequado aos critérios estratégicos da organização, como adequação à visão e valores, público-alvo e objetivos do negócio. Sem uma proposição atraente em nível estratégico não faz muito sentido investir recursos para examinar a oportunidade mais a fundo.
- A **fase 3** abrange uma avaliação completa, e é aqui que a propriedade passa por um quadro de avaliação composto por seis questões, uma das quais concentra-se na avaliação pós-investimento. As questões incluem: a) os objetivos que o patrocínio atenderá, b) os principais públicos-alvo que serão atingidos, e c) as métricas que serão apresentadas para demonstrar como o patrocínio mudou comportamentos ou ideias sobre a marca. Por exemplo, se o objetivo da empresa era criar conscientização sobre a marca entre os homens ABC1, as métricas seriam as pontuações de conscientização sobre a marca obtidas pelo rastreador da marca (*brand tracker*). É possível, então, definir o sucesso em termos de um aumento definido em percentual de percepção global da marca entre esse público-alvo.

5. Intuição!

Pode parecer brincadeira, mas se os gerentes de marca realmente bons estão em plena sintonia com as necessidades de sua marca e empresa, a **intuição** vai ajudá-los bastante no processo de seleção de patrocínios. Embora a indústria de patrocínio faça piadas sobre os "caprichos do presidente" e os patrocínios motivados pela vaidade, alguns deles podem estar absolutamente corretos para a organização se forem selecionados com a mesma intuição que levou o fundador ao sucesso da marca e do negócio.

Portanto, os responsáveis pelas decisões de investimento de patrocínio devem mesmo prestar atenção ao que se harmoniza com a marca e com os gerentes da organização. Reflita sobre os projetos que parecem fazer sentido porque talvez eles sejam completamente adequados, e neste caso é possível economizar muito tempo e esforço por não ser necessário desenvolver e implementar processos detalhados de seleção e avaliação.

Como negociar a proposta certa

Como discutido no Capítulo 1, é importante lembrar que a perspectiva do patrocinador e do detentor de direitos pode ser completamente diferente e ter tal conscientização é fundamental para conduzir uma negociação eficaz de patrocínio. Isso significa também que os patrocinadores e os detentores de direitos podem perceber valor em coisas diferentes, o que permite a ambas as partes fazer concessões mútuas que contribuam para que o processo de negociação traga um **resultado** que satisfaça a **ambos**.

Os patrocinadores devem fazer uso de todos os recursos disponíveis para garantir o melhor arranjo para suas necessidades particulares, principalmente os recursos humanos apropriados, inclusive a participação das áreas comercial, compras, jurídica e RH. Elas serão inestimáveis porque oferecem perspectivas e experiências distintas para a negociação que enriquecerão o resultado final em nome do patrocinador. A equipe de negociação, portanto, está em posição de determinar exatamente quais os direitos o detentor de direitos está vendendo. Eles podem abranger:

- *Branding* e identidade visual em parte ou na totalidade do material do detentor de direitos.

- Uso das marcas e logomarcas do detentor de direitos para promover a associação.
- Direitos de nome para os edifícios, veículos e eventos patrocinados, entre outros.
- O direito de produzir, usar ou comercializar produtos licenciados.
- O direito de distribuir produtos ou prestar serviços para os participantes.
- A capacidade de fornecer produtos ou serviços no "campo de jogo", como refrigerantes no intervalo, o sistema de som para um show ou colocação de produto em um filme.
- Endosso dos produtos ou serviços do patrocinador feito por funcionários relevantes da organização do detentor de direitos.
- O direito de usar a atividade patrocinada nos planos de promoção de vendas do patrocinador.
- Uma expectativa de que o detentor de direitos trabalhará para promover a associação e conseguir que o patrocinador seja mencionado nos meios de comunicação, inclusive *on-line*.
- Uma série de aparições pessoais feitas pelos principais intervenientes na organização do detentor de direitos, geralmente as "estrelas" do show, mas isso também pode incluir a diretoria ou pessoal de operações, dependendo da configuração de produto/serviço do patrocinador.
- A promessa de que o detentor de direitos não permitirá que um concorrente se torne um patrocinador e promova os mesmos produtos ou serviços conforme for definido no contrato do patrocinador original – conhecida como **exclusividade da categoria**.
- Acesso a um número predeterminado de ingressos para a atividade patrocinada se for o caso.
- Uso definido da hospitalidade e do local tanto durante a atividade patrocinada e, se for possível, para o patrocinador realizar reuniões e outros eventos conforme seus interesses.
- Acesso ao banco de dados para permitir que o patrocinador promova sua associação com a atividade patrocinada e seus produtos ou serviços para quem tiver interesse nas atividades do detentor de direitos.

É do interesse de um detentor de direitos preparar um pacote com os ativos, de modo que sejam comercializados no pacote os direitos percebidos como **menos atraentes** junto com aqueles **mais atraentes**, como forma de aumentar o valor do pacote e, portanto, as taxas de patrocínio exigidas. No entanto, grande parte do pacote que está sendo oferecido pode não ser muito relevante para a consecução dos objetivos dos patrocinadores e, portanto, eles terão de negociar os direitos e escolher os elementos mais interessantes de diferentes pacotes em oferta a partir de vários detentores de direitos, como é ilustrado na Figura 3.5.

Por exemplo, se o que atrai a organização é a oportunidade de hospitalidade para o entretenimento corporativo, ela pode não ver necessidade em adquirir os anúncios da marca colocados em volta do campo esportivo e que o detentor de direitos considera muito valiosos pelos quais cobra caro pelo pacote. Igualmente, a organização pode não precisar de hospitalidade de alto nível quando muito dela estiver incluída no pacote, e precisar sim de alguns ingressos para o que será essencialmente uma compra relacionada com promoção de vendas para o patrocinador.

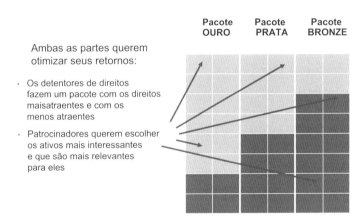

Figura 3.5 Otimização do pacote de benefícios

O segredo para identificar os direitos adequados conforme as necessidades específicas do patrocinador é adotar uma abordagem de **baixo para cima**. Uma vez que esteja claro o que o detentor de direitos pode oferecer, o patrocinador deve discutir os ativos em potencial com todos os departamentos relevantes para determinar os ativos que terão mais utilidade e valor para a organização, e aqueles que não serão usados. Alguns dos ativos que foram inicialmente considerados altamente relevantes, e que têm custo elevado, podem acabar sendo menos essenciais do que outros que estão sendo oferecidos. Além disso, os departamentos podem identificar ativos completamente novos dos quais poderiam extrair valor e que podem ser apresentados ao detentor de direitos para discussão.

Infelizmente, ter certeza absoluta sobre que direitos o detentor de direitos está vendendo ou não responde apenas uma das questões-chave que um patrocinador precisa saber antes de assinar um contrato. Há outras questões significativas das quais o patrocinador precisa tratar.

❓ Questões-chave

1. Quais são as obrigações para com o patrocinador? O detentor de direitos tem os recursos para atendê-las?
2. Quais são as obrigações do detentor de direitos, se houver, de ajudar o patrocinador a cumprir com objetivos específicos de patrocínio?
3. Como o patrocinador pode proteger seu investimento, e que planos de contingência, ou meios de contornar a situação, existem caso o patrocínio não seja executado como previsto, incluindo:

   - O que acontece quanto ao *marketing* de emboscada e como o patrocinador e o detentor de direitos podem trabalhar em conjunto para se proteger contra ele?
   - O que pode ser feito em termos de planejamento e mitigação das catástrofes naturais?
   - Como o patrocinador cria normas para coibir ou penalizar a má conduta deliberada por parte do detentor de direitos, quer seja por negligência do detentor de direitos ou mesmo greve de jogadores, artistas ou funcionários de gestão?
4. Quais são os direitos de renovação do patrocinador, incluindo direito de primeira recusa, e em que condições o detentor de direitos pode recusar a renovação?
5. Até que ponto o detentor de direitos será flexível durante a vigência do patrocínio, caso as circunstâncias do negócio do patrocinador mudem?
6. Que legislação se aplica às atividades do detentor de direitos, e existem evidências mínimas suficientes de que o titular do direito respeita-as?

Somente quando um patrocinador estiver satisfeito quanto a todas estas questões ele deve partir para as negociações sobre honorários e outros valores a serem entregues ao detentor de direitos, também conhecidos como "remuneração".

Remuneração do contrato: uma questão de equilíbrio

Remuneração é um termo legal e é o **preço** que se paga pela aquisição de direitos de associação quando da **celebração do contrato**. Existem dois tipos de remuneração, financeira e não-financeira, como ilustrado na Figura 3.6.

O dinheiro como remuneração é o tipo mais comum e assume a forma de taxa de patrocínio. Ele é pago antes da atividade patrocinada, quando a atividade for de curta duração, ou é estruturado na forma de pagamentos programados durante a vigência de um patrocínio de mais longo prazo. Às vezes são incluídos bônus de desempenho, normalmente baseados no desempenho esportivo, como vitórias ou quantidade de gols.

Enquanto muitos dos detentores de direitos preferem remuneração em dinheiro porque ela permite-lhes a flexibilidade de alocá-lo onde quiserem, existem outros valores que podem ser dados pelo patrocinador em troca dos direitos de associação e outros benefícios. Como ilustrado na Figura 3.6, o valor em espécie pode incluir o fornecimento de pessoal, materiais, tecnologia ou habilidades especializadas.

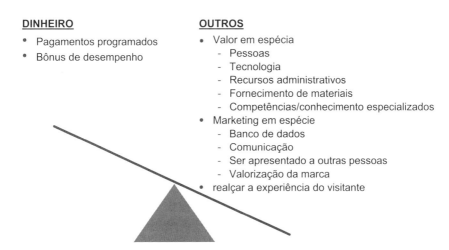

Figura 3.6 Possibilidades de remuneração em um contrato de patrocínio

O marketing em espécie pode ser alcançado pela amplificação do próprio orçamento de marketing do detentor de direitos por meio de atividades de *marketing* do patrocinador ou pelo aperfeiçoamento da experiência do visitante ou fã de alguma forma.

O valor ou marketing em espécie é uma opção atrativa para os patrocinadores porque pode reduzir o custo total da parceria, compensando algumas das exigências de dinheiro com benefícios que têm um alto valor percebido para o detentor de direitos, mas com um custo muito menor de entrega para o patrocinador. A remuneração não-financeira também é benéfica para o patrocinador porque ajuda a criar a percepção de uma relação mais autêntica e de mais credibilidade com o detentor de direitos, vista pelos fãs da atividade patrocinada.

Contratação

Os autores não têm formação jurídica e, portanto, as informações a seguir servem apenas como uma orientação. A partir de sua experiência, eles recomendam que todas as negociações e contratos de patrocínio sejam elaborados por um profissional da área jurídica com um histórico nesta área específica. A negociação de um contrato de patrocínio pode ser percebida como uma atividade mais interessante do que alguns dos outros trabalhos que advogados da área empresarial realizam. Porém, a menos que eles já sejam muito experientes nesta área, existem inúmeras oportunidades para eles deixarem passar algo crítico quando trabalham em uma área na qual não têm um referencial preciso.

Os elementos essenciais de um **contrato de patrocínio** incluem cláusulas que abrangem as condições estabelecidas na Tabela 3.2.

Modelos jurídicos e regulatórios

Conforme destacado no Capítulo 2, as relações de patrocínio não são estanques e é preciso prestar atenção especial aos modelos jurídicos e regulatórios que se aplicam a uma relação particular. Eles podem dizer respeito não apenas aos mercados internos em que o patrocinador e o detentor de direitos estão registrados, mas também aos que regem o patrocínio em quaisquer outros mercados onde a atividade patrocinada ocorra ou onde é ativada pelo patrocinador.

Embora estes modelos variem em todo o mundo, os tipos de legislação que precisam ser levados em conta incluem:

Tabela 3.2 Termos essenciais do contrato de patrocínio

Oferta e aceitação	Resultados entregues por ambas as partes + acordos de nível de serviço
Vigência	Responsabilidades e obrigações das partes
Identidade das partes contratuais	Proteção dos direitos (direitos autorais, concorrência desleal, direitos sobre o banco de dados)
Remuneração	Força maior
Territórios	Rescisão
Exclusividade	"Modelo de formulário": responsabilidades, arbitragem, lei aplicável, etc
Custos e aplicação de imposto sobre vendas	

- Privacidade.
- Comunicações, especialmente comunicações eletrônicas.
- Direitos autorais.
- Marcas registradas.
- Direitos de imagem.
- Marketing de emboscada.
- Termos e condições de emissão de ingressos.
- Marketing para crianças.
- Promoção de vendas.

Mais uma vez, conselheiros jurídicos dedicados ao tema patrocínio, em vez de advogados da empresa, são capazes de identificar artigos da legislação e demais normas que precisam ser levadas em conta no contexto da relação de patrocínio proposta.

Outras considerações

Outras considerações que os patrocinadores devem ter em conta durante o processo de contratação são:

1. Tempo.

A elaboração de contratos sempre leva muito mais tempo do que o esperado. Se o tempo disponível é limitado pelo cronograma da atividade patrocinada, o patrocinador precisa refletir muito antes de finalizar um contrato por causa dos riscos de consequências negativas de um contrato negociado sem que haja tempo para a devida reflexão e investigação. Portanto, para realizar uma negociação proveitosa, é importante que o patrocinador inclua bastante tempo no planejamento e comece a análise o mais cedo possível.

2. Contratos *pro forma.*

A menos que o detentor de direitos seja novo no mercado, é provável que ele já tenha um ou mais contratos de patrocínio em vigor. Os patrocinadores devem, portanto, pedir ao detentor de direitos seu contrato *pro forma* (feito por mera formalidade), pois isso:

- identifica a estrutura do contrato dentro da qual as necessidades específicas do patrocinador podem ser elaboradas;
- levanta quaisquer questões inexploradas relacionadas com a atividade patrocinada que possa então ser discutida;
- reduz os custos legais do patrocinador, já que os advogados não precisam redigir o contrato do zero.

3. Esteja preparado para negociar cada palavra.

Muitas vezes, concordar os detalhes jurídicos do contrato dá origem a perguntas sobre as condições comerciais já negociadas. É importante que elas sejam revistas para assegurar que os termos do contrato definitivo estejam alinhados e reflitam o pleno acordo entre as partes.

4. Inserir os cronogramas e anexos antes da assinatura.

Muitos contratos são assinados sem que os cronogramas estejam devidamente concluídos. Logo, quando surge um litígio em uma data posterior, o contrato é inconclusivo devido à falta de informação nos cronogramas. Portanto, é fundamental insistir em cronogramas totalmente preenchidos, principalmente no que diz respeito à forma como a marca vai aparecer, antes da assinatura.

5. Acordos de nível de serviço e medidas de desempenho.

Os contratos de patrocínio normalmente definem com clareza o que deve ser entregue em termos de direitos e remuneração, mas não tratam de questões de processo e requisitos de desempenho com o mesmo empenho. Chegar a um acordo sobre processos para levantar e resolver questões e disputas, e definir a regularidade e conteúdo da avaliação de desempenho, é uma boa prática empresarial.

6. Guarde o contrato até que seja hora de rever o patrocínio

Uma das vantagens de um processo meticuloso de contratação é que o debate por ele promovido ajuda o patrocinador e o detentor de direitos a melhor compreender a organização, as perspectivas, as prioridades e fatores de sucesso mútuos. Isto permite a ambas as partes muito mais flexibilidade durante o prazo de vigência do contrato para aderir e apoiar o espírito da relação, bem como satisfazer as suas obrigações contratuais imediatas.

Erros na seleção de patrocínio e soluções

Embora este capítulo tenha tentado apresentar um processo que seja **"à prova de balas"** para a seleção de patrocínios que tragam bons resultados para uma organização, há momentos em que podem ocorrer problemas que em grande parte saem do controle do gerente de patrocínio.

Escolha do patrocínio errado

Isso normalmente é o resultado de basear as decisões de seleção de patrocínio em **considerações emocionais** e não **racionais**, ou o resultado de um **erro de julgamento**.

Há três maneiras pelas quais as emoções podem atrapalhar as decisões de seleção de patrocínio:

1. **As decisões são baseadas em interesses pessoais em vez de em dados racionais** – Estas decisões emocionais podem ser preferências da diretoria ou a síndrome da esposa do presidente – ela gosta de ópera e, portanto, a organização investe em patrocínio de ópera, por mais inadequado que isso seja para as necessidades do negócio. Outra possibilidade é que um indivíduo no topo da hierarquia de uma organização detentora de direitos estudou com alguém no topo da hierarquia de uma grande empresa, e agora ambos acreditam que seria interessante retomar o relacionamento por meio de um patrocínio.

2. **O poder de atração do *glamour*** – Estar associado com algo estimulante e ter a chance de interagir com celebridades ou participar de eventos de

prestígio é importante para alguns indivíduos e pode influenciar os tipos de patrocínio que eles prefiram.

3. **Bagagem emocional corporativa** – Um patrocinador que tenha uma longa relação com uma determinada atividade pode ter dificuldade para reconhecer quando um patrocínio não é mais adequado à sua finalidade. Ele acaba renovando o patrocínio sem realmente analisar se um determinado tipo de patrocínio, ou mesmo o patrocínio de uma organização específica, ainda é relevante.

O caminho para tentar identificar os patrocínios sendo selecionados com base em questões emocionais é solicitar uma justificativa empresarial bem-fundamentada. A maioria destes patrocínios não passará no teste, se for feita uma tentativa de construir uma justificativa empresarial viável, pois isso deve identificar como a oportunidade em questão ficará abaixo do desempenho em termos de atender aos objetivos da marca e do negócio.

Erros de julgamento

Mesmo quando foi conduzido um processo meticuloso de seleção, ainda assim é possível cometer erros de julgamento genuínos por causa dos seguintes fatores:

1. **Decisões tomadas sob pressão de tempo** – Como discutido anteriormente neste capítulo, o tempo pode ser um grande inimigo para o processo de seleção de patrocínio e, portanto, em caso de dúvida, recomenda-se que um patrocínio não deva ser apressado por causa do calendário dos detentores de direitos. Não há nenhum registro de empresas que tenham encerrado suas atividades porque elas decidiram **não aceitar** uma oportunidade de patrocínio que tinha um calendário apertado demais. Dê um passo atrás e economize o dinheiro para gastá-lo em uma propriedade alternativa com um cronograma menos agressivo, ou invista na mesma propriedade no próximo ano, permitido-se o tempo suficiente para pesquisas e negociação mais completas.

2. **Ligações falhas entre a base de fãs da propriedade e o público-alvo da organização** – Considerando-se o nível de informações sobre o cliente com o qual a maioria dos patrocinadores está acostumada, os detentores de direitos ainda não conseguem atender à necessidade de disponibilizar pelo menos os dados demográficos básicos para potenciais patrocinado-

res. A única solução para isso é que os patrocinadores façam um pré-teste do patrocínio em grupos de foco. Em uma análise mais profunda, o que parecia ser uma propriedade potencialmente forte tem uma relação mais fraca com o público-alvo do patrocinador do que havia sido inicialmente percebida. A realização de pesquisas em grupos de foco que discutam a organização no contexto da propriedade irá fornecer o *feedback* necessário sobre se esta é realmente a melhor escolha. Um bônus extra podem ser as ideias sobre maneiras segundo as quais o patrocinador pode tornar-se mais relevante e, portanto, ter mais credibilidade e atratividade, para os fãs através de uma atividade direcionada de alavancagem.

3. **O patrocínio é inadequado para o estágio atual da organização no ciclo de vida da marca/empresa** – Uma estratégia de patrocínio elaborada com cuidado deve dar apoio direto à estratégia de *marketing* e de negócios. O patrocínio nem sempre é uma ferramenta adequada, mas pode ser uma ação celebrada equivocadamente, muitas vezes como resultado de uma decisão baseada em emoções, como discutido acima. Esta é uma maneira muito rápida para uma organização perder dinheiro e foco nos principais elementos condutores do seu negócio.

4. **O patrocínio não tem objetivos claros** – Os patrocínios mal-concebidos muitas vezes têm a tarefa de realizar uma infinidade de objetivos diversificados e equivocados que resultam em alavancagem fragmentada e pouco progresso. O enfoque em dois ou três objetivos muito claros que foram definidos antes da decisão de seleção de patrocínio vai ajudar a reduzir o risco de escolher o patrocínio errado.

5. **O pacote de benefícios errado é escolhido** – Um exemplo extremo disso pode ser a contratação de um patrocínio oficial quando o objetivo primordial era divulgar um produto, ação que poderia ter sido realizada de forma satisfatória com um patrocínio em nível de fornecedor e alguma hospitalidade adicional negociada além da oferta padrão do detentor de direitos. A solução aqui é examinar o custo total para o serviço em relação ao valor entregue e adotar a abordagem de baixo para cima para identificar os ativos essenciais.

Muitas empresas, como a Sony Ericsson com o torneio de tênis feminino da WTA (Women's *Tennis* Association) e a O2 com o Arsenal Football Club, viram que, embora ser um patrocinador de alto nível foi uma boa decisão no início, mais tarde tornou–se inadequada, e as empresas renegociaram seus pacotes de direitos de acordo. Não há vergonha alguma em reduzir níveis de investimento de acordo com as necessidades do negócio.

🎓 Principais lições

- Você precisa de mais patrocínio?
- Desenvolva critérios de patrocínio com antecedência e faça sua seleção a partir deles.
- Chegue a um acordo quando ao processo adequado de patrocínio e implemente-o.
- Pergunte às unidades de negócio que ativos de cada propriedade seriam críticos para elas e não se esqueça dos benefícios dos funcionários.
- Negocie visando o que você precisa, não compre apenas o que o detentor de direitos quer vender.
- Obtenha ajuda profissional na negociação e finalização dos contratos.

Resumo

A consideração mais importante é saber se é realmente necessário formalizar mais patrocínio antes de iniciar um processo de seleção de patrocínio que deve ser baseado em critérios pré-determinados. Em nenhuma circunstância confie nas emoções da esposa do presidente para influenciar as decisões de seleção de patrocínio. Pergunte aos departamentos e divisões que tipos de ativos seriam mais úteis para eles e, em seguida, uma vez que uma propriedade for selecionada, negocie com empenho visando obter os benefícios necessários para alcançar os objetivos de patrocínio da organização. Se as coisas derem errado, identifique a causa para que uma solução adequada possa ser encontrada.

CAPÍTULO 4

IMPLEMENTAÇÃO DO PATROCÍNIO

 Visão Geral

Este capítulo analisa os principais ingredientes de sucesso para a implementação do patrocínio e considera como focar as despesas no que é **realmente importante** para alcançar os objetivos do patrocinador. Os estudos de caso demonstrarão alguns exemplos perspicazes e criativos de ativação de parcerias.

Este capítulo abrange os seguintes temas:

- Os principais elementos para ativar o patrocínio com sucesso.
- O estímulo ao pensamento criativo para alavancar as propriedades de patrocínio.
- Dificuldades e como superá-las, tanto interna como externamente.

Implementação do patrocínio

A implementação do patrocínio, também conhecida como a **alavancagem**, **ativação** ou **exploração de patrocínio**, é o lugar onde todo o planejamento e preparação transforma-se na atividade que visa alcançar os objetivos do patrocinador junto ao(s) público(s)-alvo do patrocínio. Fazendo uma referência à European Sponsorship Survey [Pesquisa Europeia sobre Patrocínio] (Figura 2.1), os elementos que refletem a ativação de patrocínio de sucesso são:

- Os patrocinadores precisam ser respeitados pelos clientes ou fãs, ou seja, a presença do patrocinador e a contribuição para a atividade é reconhecida como benéfica de alguma forma. Isto pode ser parcialmente obtido pela ativação criativa do patrocínio.
- Internamente, os patrocinadores necessitam garantir que o patrocínio esteja integrado em toda a organização, com a equipe interna correta e tem a adesão da alta administração.

Os principais elementos para ativar o patrocínio com sucesso

A Figura 4.1 destaca os cinco principais elementos que se combinam para criar um programa eficaz de ativação de patrocínio.

1. Ativos

Os ativos tangíveis e intangíveis foram discutidos no Capítulo 1 (ver Tabela 1.1). A título de lembrete, os **ativos tangíveis** são aqueles ativos, como a marca sinalizada em placas, hospitalidade, aquisição de conhecimentos especializados e utilização de instalações para reuniões, aos quais pode ser atribuído um valor financeiro. Os ativos intangíveis, por outro lado, são etéreos e seu valor não pode ser calculado em termos financeiros. Os **ativos intangíveis** incluem o valor de exclusividade da categoria, a importância de estar associado a um conjunto específico de atributos da marca conforme defendida pela propriedade ou pelas oportunidades de relacionamento (*networking*) apresentadas pela propriedade em termos dos outros patrocinadores e interessados que ela atrai.

Figura 4.1 Os principais elementos da ativação eficaz do patrocínio

É claro que nem todos os recursos disponíveis serão relevantes para todos os objetivos dos patrocinadores. Por isso, é importante que um patrocinador considere na medida em que cada recurso disponível é pertinente e como ele pode ser encaixar em seu programa personalizado de alavancagem. Embora isso seja mais evidente para os ativos tangíveis, também é uma consideração importante para os intangíveis. Por exemplo, se a exclusividade da categoria é importante, como o patrocinador garantirá que o público-alvo entenda que a marca é um parceiro exclusivo de uma forma que a torne mais digna de credibilidade e importante? Se existem oportunidades de *networking*, quais departamentos estão em melhor posição para aproveitar essas oportunidades e como eles serão incentivados a participar?

2. Recursos

O número e o tipo de recursos que podem ser implantados em apoio a um programa de ativação de patrocínio determinará o grau com que os ativos podem ser alavancados. Existem três grupos principais de recursos a serem levados em consideração: os **financeiros**, **físicos** e **humanos** (pessoas).

Financeiros

Existe uma norma da indústria que sugere que, para cada US$ 1 gasto na taxa de patrocínio, pelo menos US$ 1 deve ser gasto com a ativação. Embora o número seja uma indicação, e um ponto de partida útil para quem é novo no investimento em patrocínio, ele não é de forma alguma incontestável. Por exemplo, no caso onde um patrocínio é essencialmente uma aquisição eficiente de mídia, pode haver pouca exigência de gastos com ativação que vão além de gerar o máximo de exposição da marca que possa ser extraído da propriedade. Da mesma forma, muitos dos patrocinadores de maior sucesso investem bem mais do que a relação de 1:1. Um patrocinador olímpico admitiu investir 7:1 na ativação de direitos em um ano olímpico para otimizar o retorno sobre seu investimento em direitos.

De onde vem todo esse dinheiro? Qualquer patrocínio de sucesso vai exigir um orçamento previamente separado para apoiar as necessidades básicas do patrocínio. Entre as necessidades básicas podem estar:

- A contratação de uma agência de hospitalidade para gerenciar o estoque e entrega de hospitalidade da organização no evento patrocinado.
- A contratação de um serviço de fotografia para capturar momentos memoráveis e armazenar os registros em um sistema de fácil recuperação.
- Financiamento cruzado da criação de conteúdos na Intranet e *website* da organização para comunicar o patrocínio para o público interno e externo.

No entanto, é essencial lembrar que um patrocínio de sucesso é aquele que está integrado em toda a organização e, portanto, isso abre outros orçamentos de apoio. Não se trata de desviar dinheiro do orçamento de ninguém para a equipe de patrocínio. Pelo contrário, cada departamento identifica a melhor forma de integrar o patrocínio em suas próprias atividades na busca dos objetivos do patrocínio. Por exemplo:

- A equipe de comunicação de marketing estava, sem dúvida, fazendo o planejamento de comunicação; seu desafio é integrar o patrocínio à comunicação de uma forma significativa, seja na publicidade, relações públicas ou promoção de vendas.
- A equipe de vendas terá um orçamento para entreter *prospects* e clientes; parte deste orçamento pode agora ser gasto na aquisição de hospitalidade relacionada com o patrocínio. Igualmente, o programa de incentivo de vendas pode agora incorporar recompensas associadas ao patrocínio.
- A equipe de reputação corporativa planejará eventos para influenciar os interessados. É possível que um ou mais desses eventos seja realizado nas instalações do detentor de direitos.
- Recursos humanos terá um orçamento para administrar o recrutamento e a retenção de funcionários. Estas ações podem agora incorporar identidade visual e outros elementos do patrocínio para ajudar a organização a se destacar dos outros empregadores.

Há também outro orçamento em uma organização, conhecido como **"caixinha particular"** do executivo-chefe. Apesar de todo o esforço investido no processo de planejamento anual das grandes organizações, parece que o executivo-chefe sempre tem algum dinheiro escondido para gastos discricionários. Vale a pena se lembrar disso quando surge uma grande oportunidade de ativação que requer um investimento adicional e tático que não esteja previsto em outra rubrica orçamentária.

Físicos

Os recursos físicos frequentemente ficam subutilizados na ativação de um patrocínio. Um desses recursos pode ser a tecnologia disponível ou o fornecimento de materiais simples, como matérias primas, produtos semi-acabados ou prontos para a venda, para incrementar sua atividade de patrocínio e seu relacionamento com seu detentor de direitos. Pode ser que a organização seja capaz de alavancar sua operação logística para entregar prêmios promocionais ou *sites* de varejo como uma rede de distribuição de ingressos. O *brainstorming* sobre as operações essenciais da organização pode gerar algumas oportunidades interessantes e inovadoras, que podem ser inseridas com criatividade no programa de ativação de patrocínio, ao mesmo tempo em que reduz custos.

Pessoas

As pessoas são realmente importantes para fazer um patrocínio acontecer, e o desafio para a equipe de patrocínio é explorar a gama de recursos humanos disponíveis, tanto interna como externamente. Para o projeto ser eficaz, as melhores pessoas precisam ser convocadas a trazer suas habilidades e conhecimentos para aprimorar o projeto de patrocínio.

Por exemplo, quem na organização pensa com criatividade e pode ser convencido a participar de uma sessão de *brainstorming*, nos primeiros dias de planejamento do patrocínio para ajudar a desenvolver ótimas ideias de alavancagem? Quem mais pode ter competências em **implementação, administração, logística, contabilidade, orçamento** ou **gestão de hospitalidade**? Que tem redes formais e informais sólidas que podem ajudar a influenciar os outros e fazer as coisas acontecer? É possível envolver os funcionários de *call center* (central de atendimento) no apoio ao programa de hospitalidade, solicitando-lhes a fazer reservas e compreender as necessidades individuais dos clientes.

Envolver esses grupos e indivíduos no patrocínio de uma maneira que os ajude a entender o que o patrocínio representa para a organização não só irá melhorar os resultados do patrocínio, mas também ajudará a superar qualquer resistência interna que às vezes possa ocorrer. Isto será discutido em mais detalhe posteriormente neste capítulo.

3. Canais

Embora hoje em dia canais como as novas mídias e redes sociais estejam em destaque, uma organização deve questionar-se meticulosamente para identificar o maior número **canais relevantes** possível pelos quais comunicar o patrocínio.

Promoções de vendas	Comunicação interna
Materiais de ponto de vendas	Responsabilidade corporativa
Marketing direto	Mídia especializada
Publicidade	Hospitalidade
Relações Públicas (RP)	Recrutamento
Venda direta	Treinamento
Mercadoria	Eventos
Incentivos	E-mail
Web sites	Telefonia móvel
Embaixadores da marca	Colocação de produtos
Engajamento doa funcionários	Programas de fidelidade
	Exposições e conferências

OUTROS PÚBLICOS · CLIENTES · FUNCIONÁRIOS · MARCA

Figura 4.2   Possibilidades de canais com o mercado

A Figura 4.2 ilustra alguns dos canais possíveis com o mercado que possam estar disponíveis. Entre os exemplos de como alguns desses canais podem ser usados estão:

Publicidade

A publicidade relacionada com o patrocínio é um método poderoso para amplificar as mensagens-chave de um patrocínio. No entanto, é preciso ter cuidado para não promover aspectos diferentes da marca para o público-alvo do patrocínio ao mesmo tempo em que se promove o patrocínio, para evitar criar confusão entre os clientes.

Incentivos

Estes incentivos podem ser incentivos às vendas ou incentivos a parceiros para partes da cadeia de suprimentos que visem incentivá-los a fornecer produtos e serviços melhores, mais baratos e/ou de mais qualidade.

Outros canais

É importante lembrar que alguns canais podem oferecer rotas com excelente relação custo-benefício para o mercado. Alguns canais de baixo custo ou canais gratuitos são:

- **Internos**: e-mail, Intranet, revistas, cantina, quadros de avisos, reuniões de equipe, áreas de recepção.

- **Detentores de direitos**: publicidade, carteira de ingressos, no evento, revista, áudiovisual.
- **Indiretos**: mídia, fanzines (publicação independente de fãs).

4. Públicos-alvo

Como discutido no Capítulo 1, o patrocínio pode focar em uma ampla variedade de públicos, mas fique certo que **menos é mais**. Procure não ter públicos-alvo demais ou, se isso for impossível, priorize dois ou três públicos-alvo principais e delegue públicos menos prioritários para os departamentos que normalmente administram estas relações. Quaisquer benefícios obtidos por meio do patrocínio desses públicos selecionados podem ser considerados como um bônus.

5. Objetivos

Como já foi discutido no Capítulo 1, existem três tipos distintos de objetivos para o patrocínio: aqueles que **promovem a marca**, aqueles que têm **resultados puramente comerciais**, e aqueles que visam **aumentar o engajamento**, seja o engajamento de funcionários, clientes *B2B* ou mesmo uma seleção mais abrangente de interessados da organização. Os objetivos exclusivos de um patrocínio específico compõem o mecanismo através do qual os outros "ingredientes" serão filtrados, para que o programa de ativação de patrocínio se concentre no que realmente importa para o negócio. Ter clareza sobre os dois ou três objetivos principais que o patrocínio visa alcançar traz inúmeros benefícios para a escolha da alocação dos recursos.

Integração

Conforme destacado na Figura 4.2, um elemento essencial para a integração eficaz do patrocínio é a **marca da organização**. É importante fazer uma reflexão profunda sobre como a marca será apresentada e, portanto, percebida no contexto do patrocínio.

A próxima questão importante a ser considerada é a dos funcionários e como educá-los e engajá-los em torno do patrocínio. Afinal, se eles não entendem por que a organização está investindo neste patrocínio e por que ele é relevante, como é possível esperar que eles falem sobre isso de forma eficaz com os indivíduos que interessam para a organização? Isso vale principalmente para os funcionários em contato direto com o cliente, sejam empresas ou o cliente direto.

Isto naturalmente leva à análise sobre a relevância desse patrocínio para os clientes ou outros grupos-alvo além deles.

 Desenvolvimento de um entendimento comum

É importante, em especial em um ambiente novo de patrocínio, que os funcionários do patrocinador mergulhem no mundo do detentor de direitos a fim de desenvolver um entendimento comum e passam a promover a comunicação eficaz. Igualmente, cabe ao patrocinador educar a equipe do detentor de direitos sobre a organização e o que ela busca alcançar com o patrocínio. As principais áreas onde dedicar atenção são destacadas na Tabela 4.1.

Tabela 4.1 Construção de uma compreensão compartilhada

A atividade patrocinada	O acordo de negócios
Escopo	Objetivos da parceria
Regras	Obrigações contratuais
Vocabulário	Jargão da empresa
Estruturas dos principais atores	Organização
Padrões da indústria	Contatos-chave

É claro que o desenvolvimento de uma compreensão profunda sobre as empresas envolvidas e os desafios que elas apresentam não será algo alcançado da noite para o dia. Pode ser necessário realizar pesquisas para complementar o quadro, e informações subsequentes podem ser coletadas nas fontes a seguir:

- Copatrocinadores;
- outros clientes;
- órgãos de governo;
- associações da indústria;
- fornecedores de serviços relacionados;
- estudos de caso;

- relatórios empresariais relevantes;
- cobertura da mídia.

 ## Preparando-se para a reação do concorrente

A outra questão que não pode ser evitada é preparar-se para como os concorrentes reagirão quando a organização anunciar um novo patrocínio. Embora a organização possa se sentir muito otimista quando o anúncio for feito, a possibilidade de que os concorrentes possam tomar alguma medida contra ela não pode ser ignorada (Figura 4.3).

Os concorrentes podem realizar uma série de atividades para reduzir o impacto positivo do novo projeto do patrocinador e prejudicar as receitas da organização. Tais ações podem inevitavelmente influenciar as **emoções** corporativas da organização patrocinadora. Para evitar isso, é essencial refletir sobre estes cenários específicos e outros que possam ser relevantes para o negócio. Considere o que os concorrentes podem fazer e como a organização pode se proteger.

Por exemplo, se há uma probabilidade de que um concorrente possa fazer uma emboscada à atividade patrocinada, a organização deve fazer um levantamento de todas as maneiras que isso possa ser feito, e implementar medidas de proteção para amenizar os piores efeitos. Para tanto, recomenda-se trabalhar em estreita colaboração com o detentor de direitos para isolar algumas possibilidades que possam ocorrer dentro da sua esfera de influência.

Figura 4.3 Possíveis reações do concorrente

Dicas de planejamento para a execução

Embora as principais oportunidades para garantir o sucesso do patrocínio já tenham sido discutidas, há algumas questões finais que as organizações precisam ter em conta quando da implementação de um novo programa de patrocínio.

Tempo de processamento organizacional

Se os tempos de processamento normais da organização são longos, talvez associados com horizontes anuais de planejamento, este fato precisa ser levado em conta na implementação de um patrocínio. Os patrocínios já foram comparados ao ato de ter filhos: eles vêm, esteja você pronto ou não. Não se pode adiar um nascimento assim como um detentor de direitos não pode adiar uma atividade só porque um patrocinador não está totalmente preparado. Há, portanto, uma responsabilidade considerável sobre o patrocinador para estar pronto para alavancar o patrocínio dentro de um tempo plausível e para ter incluído esta questão no seu planejamento organizacional.

Priorize em relação ao valor entregue previsto

Ao comparar possíveis atividades de alavancagem, aquelas que oferecem melhores retornos globais devem ter prioridade sobre aquelas que possam ser mais óbvias, mas que tenham um menor retorno real. Deve ser dada preferência mesmo que essa ideia específica seja mais difícil de ser realizada.

Departamento por departamento

Como mencionado no Capítulo 3, faça um plano que contemple departamento por departamento e pergunte aos colegas, antes da contratação, o que eles querem em termos de ativos e quais os benefícios seriam mais úteis para eles. Uma vez que esses ativos estejam garantidos no contrato, esses departamentos agora estão muito mais propensos a utilizá-los e se envolver com o patrocínio, reduzindo a incidência da síndrome **"não foi inventado aqui"**.

Garanta o uso correto dos orçamentos de ativação

Isto é muito fácil de dizer e muito difícil de conseguir que as organizações façam. A ativação do patrocínio é fundamental e as pessoas devem entender que a taxa de patrocínio é apenas uma parte do investimento. Não ter um orçamento reservado para ativar um patrocínio é como pagar o aluguel de uma loja, mas não providenciar os estoques da loja ou decorar a vitrine para atrair os clientes para dentro dela. Para alcançar determinados objetivos de negócio e de marketing o orçamento de ativação faz parte do investimento total, e não é um tipo de complemento arbitrário.

Em anos de crise, os orçamentos de ativação tem sido aqueles onde os primeiros cortes são feitos pelas grandes corporações para reduzir custos, o que demonstra uma total falta de compreensão do funcionamento do patrocínio. É imperativo que todos os gerentes de patrocínio pensem em como aumentar a compreensão sobre o patrocínio em suas organizações. É fundamental que haja um entendimento geral que proteger os orçamentos de alavancagem não é uma atividade que visa construir impérios pessoais, mas uma necessidade de proteger o investimento feito pela organização em patrocínio a fim de obter um retorno aceitável para os acionistas.

Alinhamento da agência

É muito importante construir a confiança e apoio mútuo entre quaisquer agências de apoio ao patrocínio, como uma agência de publicidade, uma agência de relações públicas (RP), provedor de hospitalidade, ou mesmo uma consultoria de patrocínio. Isto pode ser um desafio, mas os melhores resultados só serão alcançados quando todos contribuem e atuam como membros de uma equipe coesa.

Comunicações internas para obter a adesão em todos os níveis

As comunicações regulares são essenciais para a obtenção de apoio e adesão ao patrocínio em todos os níveis da organização. As mensagens internas consistentes e repetidas não só garantem que os colegas sejam capazes de articular as razões para o patrocínio de forma eficaz, como também reduzem a probabilidade de o orçamento para alavancagem ser pilhado quando as condições do mercado pioram.

Recursos humanos

Uma variedade de recursos humanos pode ser necessária durante o ciclo de vida de um patrocínio, mas não necessariamente na mesma intensidade durante todo o ciclo. Portanto, recomenda-se uma avaliação cuidadosa sobre quando e como aumentar o número de funcionários, e sobre como recuar de forma eficaz nos períodos mais calmos ou quando o patrocínio chegar ao final de seu ciclo.

✏️ Execução criativa

O público não está à espera da mensagem da marca. A ativação deve, portanto, ir ao encontro do público e ser suficientemente atraente para que ele note a presença da marca e assimile as principais mensagens que o patrocínio pretende comunicar.

Comunique a mensagem apropriada

Analise quando e como os clientes encontrarão a marca no contexto do patrocínio, e entenda em que estado emocional eles podem estar quando tal contato ocorrer. Escolha momentos em que eles tendem a estar receptivos – por exemplo, no intervalo quando estão à espera do reinício de uma apresentação - ou adapte a mensagem para ela se adequar à sua falta de receptividade e use a mídia apropriada para cada ocasião.

O patrocínio é muitas vezes associado com uma **"mera propaganda"** e, consequentemente, corre o risco de ser tratado com a mesma falta de engajamento. Por exemplo, as placas publicitárias digitais dos patrocinadores em volta de um campo esportivo podem distrair e ser intrusivas à ação em campo. Uma placa publicitária no perímetro de um campo terá um impacto muito mais se for apoiada por uma mensagem sobre a marca, mostrando o que o esporte significa para a organização, por que o patrocinador está presente, que valor ele tem para a ação e, portanto, por que o público pensaria em comprar seus produtos ou serviços.

 Estudo de caso – Marca de jogos eletrônicos

 Principais pontos de aprendizagem:

- As marcas estão cada vez mais considerando oportunidades novas e não tradicionais de se engajar com seu público-alvo.
- O engajamento direto por meio de amostragem e de atividade experimental está se tornando um elemento mais importante no *mix* de patrocínio.

Continua na página seguinte ...

> Uma marca de jogos eletrônicos comprou os direitos para que a empresa ativasse patrocínios dentro e em torno do estádio Twickenham durante as partidas Investec Challenge Series, The Nomura Varsity Match, The RBS Six Nations, The Emirates Airline London Sevens e a partida Inglaterra contra os Barbarians. Um porta-voz da marca explicou o motivo dizendo que "trabalhar com a RFU (Rugby Football Union) é uma grande oportunidade para focarmos e nos comunicarmos com um público familiar, e não apenas por meio de métodos tradicionais de publicidade, mas por meio de uma abordagem mais experiencial e prática como a amostragem de produto.

A ativação é uma experiência sensorial

Todos os aspectos da marca precisam ser considerados a fim de se estabelecer as formas de mais impacto para envolver o público-alvo (ver Figura 4.4). Pode haver aspectos visuais fortes da marca que podem ser aproveitados no ambiente de patrocínio, ou até mesmo sons. Para algumas marcas, os aspectos a ser alavancados podem ser **cheiros**, **gostos** e **sensações táteis** que evocam a reação mais forte.

Um indivíduo é torcedor do Chelsea e apenas o cheiro da cerveja servida no Chelsea imediatamente o transporta até as arquibancadas. Isto mostra a relação muito forte entre uma determinada cerveja, seu sabor e cheiro, e uma ocasião esportiva preferida.

Como o público-alvo pode tocar a marca da organização de outra forma semelhante? O elemento experiencial do patrocínio está se tornando muito mais importante para permitir que os consumidores tenham um envolvimento real com as marcas e tornem-se mais profundamente envolvidos em como as marcas oferecem benefícios autênticos para o cliente.

Figura 4.4 Ativações para sensibilizar os cinco sentidos

Para estimular a reflexão sobre a ativação de patrocínio, as Figuras 4.5 a 4.7 sugerem algumas das maneiras pelas quais o patrocínio pode ser viabilizado para o público-alvo de empregados (Figura 4.5), *business-to-business* (Figura 4.6) e consumidores (Figura 4.7).

Figura 4.5 Comunicação com empregados

Figura 4.6 Engajamento do público B2B

Figura 4.7 Pontos de contato com o consumidor

A seguir são apresentados três estudos de caso de patrocínios orientados para públicos diferentes, com um excelente grau de criatividade e integração.

 Estudo de caso – O2

 Principais pontos de aprendizagem:

- A **diferenciação** é um dos principais atributos de um bom patrocínio – às vezes uma empresa precisa de muita coragem para fazer algo diferente.
- O uso criativo da marca pode fornecer **elementos subliminares** que apoiam uma alavancagem mais ostensiva do patrocínio.

Seria muito difícil falar sobre a implementação de melhores práticas de patrocínio sem mencionar a O2 e como eles se envolveram com locais de entretenimento para impulsionar sua marca.

Continua na página seguinte ...

A O2 estava enfrentando o desafio da alta comoditização de celulares e redes. Em uma tentativa de se diferenciar no mercado, os concorrentes haviam introduzido uma variedade de tarifas, cujo resultado foi o aumento da confusão entre os clientes sobre qual seria a melhor rede para suas necessidades. Além disso, a O2 atua em uma indústria onde há uma rápida convergência dos serviços móveis de voz, vídeo e dados, que intensificou a concorrência com a chegada de *players* "não-tradicionais" no mercado de telecomunicações móveis.

A fim de realmente se diferenciar, a O2 deu um passo corajoso e fechou uma parceria com a AEG, os operadores do antigo Domo do Milênio em Londres. Além de adquirir os direitos de titularidade (title rights) do prédio, para trazer o patrocínio à vida a O2 integrou seu *branding* a todos os aspectos da propriedade, como o uso do formato de bolhas, iluminação azul, tapetes azuis, e fazendo jogos com a palavra azul (*blue*) e O2 na criação do clube de música indigo, do O2 Blueroom Bar, O2 Lounge, e até dos Anjos O2 na área de criação.

Mas este patrocínio é mais do que a mera associação da marca com música e entretenimento. A O2 também negociou a introdução de acesso exclusivo para seus clientes. Esse acesso inclui prioridade na compra de ingressos 48 horas antes do início da venda ao público, acesso ao bar e *lounge* mediante código de barras no celular, download de músicas ao vivo, concursos, mensagens de texto para ingressos, papéis de parede que mudam no O2 *Lounge*, pedidos de música e apresentações na área MMS of Create.

Os resultados foram medidos em relação aos objetivos do negócio. Mais de um milhão de clientes O2 se inscreveram para comprar ingressos com prioridade e mais de 200.000 clientes fizeram *downloads* de música ao vivo e participaram de concursos. Talvez o fato mais importante é que houve um diferencial de consideração visivelmente positivo (o preditor mais próximo de participação de mercado) entre os indivíduos cientes do patrocínio da O2 em relação a aqueles que desconhecem o patrocínio da O2.

Tal foi o sucesso do relacionamento da O2 que a empresa desde então expandiu seu alcance por meio de negociações para incluir os locais Academy Music no Reino Unido, Sazka Arena em Praga e está desenvolvendo o O2 World em Berlim e o O2 em Dublin.

(Reproduzido com permissão da O2)

Estudo de caso – Departamento de Transportes e THINK! British Superbikes

 Principais pontos de aprendizagem:

- O patrocínio não é útil apenas para gerar **retornos comerciais** (ROI)[1], mas também pode alcançar outros objetivos (ROO)[2], neste caso a **mudança comportamental**.
- Ser **sensível** ao público-alvo e dar-lhes algo que eles valorizam é fundamental para ser percebido como um parceiro valioso e confiável pelo público.

Os motociclistas no Reino Unido são predominantemente do sexo masculino e estão super-representados nas estatísticas de acidentes rodoviários. O Departamento Britânico de Transportes (DoT, na sigla em inglês) queria reduzir o número de acidentes envolvendo motocicletas, mas tinha como desafio saber como atingir este grupo efetivamente. Ao invés de usar a publicidade, que seria dispendiosa e provavelmente seria percebida como uma pregação e, portanto, seria ignorada, o DoT investiu no patrocínio do Campeonato Britânico de Superbike (BSB, na sigla em inglês), ação que tem feito desde 2004.

O BSB atrai uma multidão de motoqueiros voltada fortemente para o público-alvo do DoT, e as competições ocorrem em nível nacional durante a temporada de verão, recebendo ampla cobertura. O DoT utilizou todos os ativos que podia para alavancar a atratividade do evento, e usou os pilotos de ponta para se conectar com seu público-alvo evasivo, ao invés de pregar para ele. Entre os ativos estavam o *branding* dos alambrados mostrando a já bem reconhecida sinalização amarela e preta THINK! da campanha de segurança no trânsito, um *trailer* personalizado THINK! da Academia de Motociclismo onde eram feitas entrevistas e obtenção de autógrafos das estrelas do BSB, dicas e

Continua na página seguinte ...

---

1 ROI – *Return on investment* ou retorno sobre investimento em português.

2 ROO – *Return on objectives* ou retorno sobre objetivos em português.

conselhos de motociclismo dados pela equipe Bikesafe, motocicletas em exposição, transmissões ao vivo do BSB em telas de plasma, estações Web interativas e passes VIP de hospitalidade sorteados a cada fim de semana.

Houve resultados mensuráveis, e a avaliação de 2009 mostrou que:
- 99% dos entrevistados concordam que "a campanha THINK! é um patrocinador bem-vindo do BSB";
- 95% concordam que "a campanha THINK! faz parte da comunidade de motociclistas";
- 90% concordam que "a campanha THINK! é relevante para mim".

Fonte: TNS/DoT

Os acidentes com motocicleta caíram 16% em 2008, de 588 mortes em 2007 para 493 em 2008, e as lesões graves caíram 10%, de 6.149 para 5.556. O número representa uma redução global de 2% na taxa de acidentes (porque o tráfego de motocicletas caiu 8% no período).

Este patrocínio não estava vendendo nada, e pretendia salvar vidas. O que é interessante é que a pesquisa mostrou que os participantes do BSB realmente acolheram o que foi, afinal, o envolvimento do governo, porque perceberam que eles extraíram disso algo de relevante para si.

(Reproduzido com permissão do Departamento de Transportes)

 Estudo de caso Spatone e a atleta Lisa Dobriskey

 Principais pontos de aprendizagem:

- Um orçamento pequeno não deve ser percebido como um entrave ao patrocínio, e sim como um **catalisador** para mais criatividade na ativação.
- Outros patrocinadores **não devem ser percebidos** como **concorrentes** – em vez disso, explore que outras oportunidades de alavancagem eles podem trazer.

A Spatone, uma água mineral enriquecida com ferro, precisava destacar as mensagens-chave da marca como uma solução para os sintomas de baixos

Continua na página seguinte ...

níveis de ferro nas mulheres. Eles se associaram com Lisa Dobriskey, campeã da Commonwealth (Comunidade Britânica) nos 1.500 metros em 2006, e que participará dos Jogos Olímpicos de Londres em 2012, e alavancaram seu outro patrocinador, Nike, nas entrevistas na mídia como uma oportunidade para mencionar a Spatone.

A Spatone tornou-se líder em suplementos de ferro do Reino Unido e a marca de mais rápido crescimento na categoria de suplementos de ferro em 2008-2009. A Spatone tinha um orçamento limitado, mas conseguiu desenvolver uma campanha de relações públicas voltada para Lisa Dobriskey. Eles alcançaram uma excelente cobertura de mídia nos principais meios de comunicação, fato que se traduziu em um impacto direto sobre as vendas e participação de mercado da Spatone.

(Reproduzido com permissão da Spatone)

Desafios e soluções de implementação

Coordenação

Um patrocínio bem integrado precisará, necessariamente, de coordenação em toda a organização para reduzir o risco de duplicidade, incoerência, frustração e falta de engajamento. Enquanto isso se aplica em nível departamental, o trabalho com as outras divisões e o envolvimento de partes externas como agências, fornecedores e outros parceiros de negócio cria uma camada adicional de complexidade para a coordenação.

A única maneira de coordenar a ação de forma eficaz é pela comunicação regular e frequente, planejamento e engajamento.

Apropriação

O patrocínio é muitas vezes visto como sendo propriedade de toda a organização, mas isso pode resultar em uma falta de responsabilidade pelo seu sucesso. Por isso, ao iniciar um novo patrocínio, é muito importante ser bem claro sobre quem será o responsável pelo sucesso, e verificar se os outros participantes entendem o seu papel e sabem quem está no comando.

Orçamento

A não ser que o patrocínio seja administrado com cuidado, ele pode facilmente estourar o orçamento. Além disso, uma enorme quantidade de tempo pode ser desperdiçada em cobranças internas, novas cobranças, lidar com cobranças em disputa e mesmo com departamentos, divisões e partes externas inadimplentes. Certifique-se desde o início que a equipe de contabilidade que apoia o patrocínio seja de alto nível, e que o dinheiro percorra a organização com um mínimo de burocracia.

Desafios culturais

Para serem eficazes, os patrocínios precisam de compromisso generalizado, mas há vários obstáculos internos a serem enfrentados, como:

- Falta de vontade de mudar.
- Irrelevância pessoal.
- "Distância" de patrocínios.
- Política interna.
- Cinismo.
- Falta de energia organizacional.

É vital não subestimar o esforço interno de vendas necessário para implementar um patrocínio. É, portanto, imperativo concentrar-se nisso desde o início e principalmente identificar os indivíduos não alinhados rápido antes que eles comprometam demais o esforço de patrocínio. Talvez não seja possível transformá-los em evangelizadores, mas pelo menos a energia negativa pode ser neutralizada.

Envolvimento da administração

O envolvimento da administração é um desafio grande e em grande parte ditado pelo nível de interesse pessoal no patrocínio, que é determinado pelo seguinte:

- Importância percebida do patrocínio para a organização.
- Perfil do patrocínio externamente.
- Síndrome do "não foi inventado aqui".
- Nível de interesse dos clientes/interessados.

Um bom número de clientes confessa abertamente que suas decisões históricas de patrocínio foram baseados nos interesses pessoais da alta administração. A consideração que a administração tem pelo patrocínio em geral também está ligada ao grau de importância que eles atribuem ao patrocínio para a organização, e como eles percebem que o patrocínio está sendo visto externamente.

Houve casos de patrocínios que não tiveram absolutamente nenhuma adesão da diretoria até que um de seus principais contatos fora da organização mencionou que tinha visto o patrocínio. Isso, então, resulta em um aumento da atenção dada a cada aspecto do programa de patrocínio. Os gerentes de patrocínio precisam estar alerta para esta ocorrência. Eles correm o risco de ficarem prensados entre nenhuma liderança no primeiro momento, seguido pelo envolvimento excessivo na tomada de decisões sobre detalhes menores, o que traz erros de priorização e resultados enfraquecidos.

Reações dos clientes

Se a pesquisa de mercado ou outros dados fornecem evidências para indicar que os clientes não notaram o patrocínio, isso sugere que o patrocínio não está oferecendo exposição suficiente da marca. Se não houver outra oportunidade para estender o *branding* associado com o patrocínio, recomenda-se a alavancagem com publicidade *above-the-line*[3] ou materiais no ponto de venda para complementar a associação mútua. As relações públicas também podem ajudar a reforçar a comunicação do patrocínio e mostrar por que a parceria é relevante para os clientes.

Alternativamente, pode ser que os clientes pareçam ter um bom nível de conscientização sobre o patrocínio, mas, em **nível de atitude**, ele não mudou sua consideração ou preferência por sua marca. Pode ser um bom momento para entrar em contato com um especialista com um olhar externo para sugerir como adicionar valor para tornar o patrocínio mais relevante. Se o comportamento real dos clientes não mudou como previsto, talvez a mudança possa ser incentivada por promoções, programas de fidelização ou outros mecanismos de resposta ao cliente para se aproximar deles. Em última instância, talvez seja necessário encarar o fato de que a seleção do patrocínio foi um erro, e nesta altura o melhor curso de ação é o de planejar e executar uma saída o mais rápida e digna possível.

---

3   Designa a parcela do orçamento de marketing a ser aplicada em meios de comunicação de massa tradicionais como, por exemplo, televisão, rádio, cinema, revistas e jornais.

Mercados múltiplos

Muitos patrocínios têm um alcance nacional, mas os maiores podem se fazer presentes em vários países. A ativação em mercados múltiplos deve levar em conta os seguintes elementos diferentes:

- Níveis de desenvolvimento do mercado.
- Ambientes legais.
- Diversidade cultural.
- Desenvolvimento demográfico.
- Política.
- Estabilidade social.

Existem duas abordagens principais para a ativação multimercado. Pode-se adotar um método "**tamanho único**", que economiza recursos mas pode produzir um resultado subótimo, ou um plano de ativação "**multilocal**". Este último tende a ser mais eficaz, uma vez que é adaptado às necessidades individuais de cada mercado, mas necessita de muitos recursos para ser implementado.

Copatrocinadores

Em um ambiente multipatrocinador todos os patrocinadores estão, em certa medida, competindo pelos recursos escassos do detentor de direitos. Um dos desafios é identificar os patrocinadores que compartilham objetivos similares e possam apoiar táticas conjuntas de ativação que maximizem os recursos escassos. A outra questão a se ter em conta é a de resistir à tentação de ser desviado por um programa de ativação de outro patrocinador que parece superficialmente atraente, mas pode não ser relevante para a busca dos objetivos de sua organização.

Principais lições

- Entender que ativos e recursos você tem à sua disposição.
- Identificar as atividades de marketing mais relevantes para alcançar objetivos definidos com clareza.
- Compreender os tempos de processamento da organização.

- Priorizar em relação ao valor previsto entregue.
- Proteger os orçamentos de exploração.
- Lembrar-se das comunicações internas para obter adesão de todos os níveis.

Resumo

A pedra angular do patrocínio de sucesso é se **concentrar nos objetivos e públicos-alvo**. O exame de cada ideia de alavancagem através de uma lente que reflita a busca determinada dos objetivos irá aumentar as chances de seu alcance e reduzirá a probabilidade de despesas desnecessárias ou distrações interessantes, porém irrelevantes.

CAPÍTULO 5

AVALIAÇÃO DO PATROCÍNIO

 ## Visão Geral

Este capítulo tem como objetivo aumentar a compreensão do mérito de um programa de avaliação apropriado para um patrocínio, e uma maior valorização tanto da teoria quanto da prática. Serão discutidos os benefícios da definição de **objetivos** SMART, a medição do **retorno sobre o investimento** (ROI) em comparação do o **retorno sobre os objetivos** (ROO) e a gama de metodologias de medição que podem ser usadas, junto com estudos de caso para ilustrar a avaliação na prática.

Este capítulo abrange os seguintes temas:

- Desenvolvimento de um programa de avaliação.
- Objetivos SMART.
- ROI vs. ROO.
- Metodologias de medição.
- O papel da pesquisa de mercado.
- Insumos, produtos e resultados.
- Avaliação da exposição na mídia.
- As razões erradas para a renovação.

Planejamento do programa de avaliação

Embora a fase de revisão naturalmente ocorra no fim do ciclo de patrocínio, é importante lembrar que a avaliação criteriosa começa na realidade durante a fase de planejamento de um patrocínio (ver Capítulo 3).

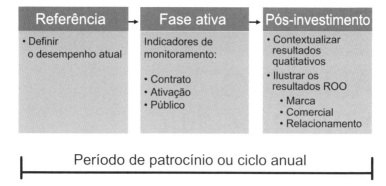

Figura 5.1 Plano do programa de avaliação

A fim de medir os resultados de patrocínio com **acerto**, é essencial que seja criado um **projeto de avaliação** para patrocínio antes da implementação do patrocínio. Os resultados podem ser monitorados e, se necessário, podem ser feitos ajustes durante o tempo de vigência do patrocínio para otimizar o retorno.

Um programa de avaliação de patrocínio tem três fases, conforme destacado na Figura 5.1.

O primeiro estágio reflete a importância de definir uma **referência**, de preferência antes da implementação do programa de ativação e, de forma ideal, antes de o patrocínio ser anunciado, de modo que o impacto do patrocínio sobre métricas específicas possa ser visto com clareza. Essa definição original do *status quo* é o padrão usado para avaliar resultados daqui para frente. O desafio de estabelecer uma referência é que muitas vezes um patrocínio já está em vigor antes que a avaliação tenha recebido atenção. Os gerentes de patrocínio podem ter herdado um patrocínio e agora devem fazer um relatório sobre o desempenho, mas constatam que não se chegou a registrar uma referência em relação a qual o sucesso possa ser avaliado. A resposta simples para esse dilema é decidir criar uma referência agora e medir o progresso deste ponto em diante. Pode não ser uma solução perfeita, mas é muito melhor do que não ter qualquer medida de sucesso.

A fase ativa de um programa de avaliação de patrocínio deve envolver **indicadores de monitoramento**, sejam eles relacionados com o cumprimento do contrato, ativação do patrocínio, ou como o público está reagindo. Se um patrocínio é contratado por um período de cinco anos, é aceitável rever os dados de monitoramento anualmente e usar as informações fornecidas para mudar as atividades planejadas de marketing para o ano seguinte a fim de obter um maior nível de engajamento.

Algumas marcas podem ter razões muito boas para fazer medições mais frequentes, às vezes até mais de uma vez por mês, durante a preparação para um grande evento como as Olimpíadas, por exemplo. Tudo depende dos objetivos específicos e da atenção com que o desempenho deve ser monitorado em relação a esses objetivos, a fim de garantir que os resultados desejados sejam alcançados.

Para um patrocínio de um festival curto ou uma duração de apenas alguns meses, pode ser suficiente apenas estabelecer uma referência e, em seguida, passar direto para uma revisão pós-investimento.

A terceira fase de um programa de avaliação de patrocínio é aquela que se concentra em uma **revisão pós-investimento**, onde será necessário fazer um relatório sobre um entendimento completo do desempenho das métricas selecionadas. Isso pode incluir a forma como a marca foi desenvolvida, os resultados provenientes das atividades comerciais ou que relacionamentos foram construídos.

Use objetivos SMART

Um elemento crítico quando se cria o modelo de avaliação é o momento de definir objetivos SMART para um patrocínio. SMART em inglês significa:

- Específico (*Specific*)
- Mensurável (*Measurable*)
- Realizável (*Achievable*)
- Relevante (*Relevant*)
- Com prazo (*Timebound*)

Não é fácil definir objetivos SMART e, portanto, muitos patrocínios têm como missão uma grande variedade de objetivos mais vagos para compensar o fato de que a definição de dois ou três objetivos SMART ficou além das capacidades e/ou interesse por medição da organização. No entanto, objetivos SMART são fundamentais para a compreensão do impacto de um investimento de patrocínio.

Estudo de caso – Marca multinacional de telecomunicações móveis

 Principais pontos de aprendizagem:

- Os objetivos SMART permitem a análise **disciplinada** do desempenho do patrocínio.
- A medição neste nível facilita muito a tarefa de explicar os **retornos do patrocínio** e justificar os investimentos de patrocínio.

Tabela 5.1 Objetivo SMART para um patrocínio de equipe

Objetivo	Aumentar de 5% para 15% a notoriedade espontânea da equipe patrocinada (ciclismo) entre os homens de 18 a 35 anos na Alemanha até 31 de dezembro de 2008.
Metodologia de medição	Monitorada pelas mudanças nas respostas do rastreador da marca (*brand tracker*) do patrocinador no mercado alemão usando dados deste mês como referência.
Frequência	Trimestral
Fundamentação	A conscientização sobre a marca estimula o crescimento das vendas futuras.

A rede multinacional de telecomunicações móveis no estudo de caso anterior determinou o objetivo SMART mostrado na Tabela 5.1 para o patrocínio de uma equipe específica de esportes.

Este é um objetivo SMART porque é:

Específico – A notoriedade espontânea é especificada, em oposição à notoriedade estimulada, assim como o são o gênero, faixa etária e mercado geográfico em particular.

Mensurável – Ele é mensurável porque foi monitorado pelas mudanças no rastreador trimestral da marca. O mês inicial foi definido como referência antes da atividade de patrocínio ser implementada para permitir a compreensão da mudança de conscientização antes que o patrocínio tenha surgido no mercado. Outro ponto a seu favor, embora não estritamente relacionado com a definição de objetivos SMART, é que ele usa uma ferramenta de medição já existente. Isso é interessante financeiramente porque medir esse objetivo exige uma despesa mínima, já que a empresa teve apenas que acrescentar uma pergunta ao seu rastreador da marca ao invés de criar uma pesquisa de mercado totalmente nova.

Realizável – No momento em que este objetivo foi definido, a empresa percebeu que aumentar a conscientização de 5% para 15% ao longo de 12 meses era uma meta ambiciosa, mas factível.

Relevante – Este objetivo era muito relevante, porque, ao aumentar a consciência sobre o patrocínio, isso ajudou a estabelecer o alicerce sobre o qual as vendas poderiam ser construídas no futuro. Ele familiarizou as pessoas com o nome da marca e associou a mesma com um esporte dinâmico e rápido, os atributos centrais que os clientes buscam em um serviço de telecomunicações móveis.

Com prazo – Foi definida uma data limite para que eles conseguissem ter alcançado este aumento na notoriedade espontânea, 31 de dezembro de 2008.

Impactos sobre o patrocínio

Existem três tipos diferentes de impacto de patrocínio: **insumos**, **produtos** e **resultados** (ver Tabela 5.2). É muito importante compreender as diferenças, pois a avaliação das melhores práticas de patrocínio centram-se na medição de resultados. A quantidade de cobertura da mídia gerada por um patrocínio, ou o valor estimado dessa cobertura da mídia, é um insumo. Por si só, ela significa apenas uma parte dos dados em si além, talvez, da capacidade de comparar a visibilidade ano a ano. Ela não revela se alguém realmente percebeu o patrocínio, ou se ele mudou a maneira como o indivíduo pensava ou se comportava. Portanto, a menos que o objetivo principal do patrocínio é uma compra de mídia eficiente, como descrito no estudo de caso da Vodafone no Capítulo 1, pense com cuidado antes de gastar uma parcela significativa do seu orçamento na avaliação da mídia.

Tabela 5.2 Insumos, produtos e resultados do patrocínio

	Impactos do patrocínio
Insumos	Quantidade de cobertura de mídia
	Exposição do local
	Audiência provável exposta à publicidade da propriedade
	Materiais de marketing da marca produzidos e distribuídos
	Número de participantes
Produtos	Mudanças de atitudes em relação à marca
	Indivíduos se inscrevendo em um programa de fidelidade
	Melhores relações B2B
Resultados	Melhorias na frequência de compras e/ou lealdade do cliente
	Vendas realizadas
	Impactos comerciais da melhoria das relações B2B

O mesmo ocorre com o *branding* no local; cem mil pessoas podem ter passado pelo *branding* de um local, mas será que alguém realmente o notou? O *branding* fê-los mudar de opinião, ou mudou suas ações com relação à marca do patrocinador?

O benefício de medir os insumos é que eles são relativamente fáceis de quantificar, e a avaliação da mídia, em especial, tende a apresentar um número positivo e reconfortador que pode ser colocado na frente da diretoria mostrando um "lucro" de valor de mídia equivalente que representa a taxa de direitos paga. No entanto, a desvantagem é que não há como saber se a exposição da marca realmente fez alguma diferença. Portanto, embora não exista nenhuma razão para não coletar medidas de insumos, é necessário compreender o seu valor relativamente baixo em termos de sua contribuição para uma avaliação geral de patrocínio.

Produtos do patrocínio

Os resultados conseguidos são definitivamente uma melhoria proveniente dos insumos e indicam as mudanças nas atitudes do público-alvo em relação à marca como consequência da exposição a um patrocínio. As mudanças de atitude são normalmente medidas pela pesquisa de mercado, ou talvez pelo número de pessoas que se inscrevem no programa de fidelidade da marca, se um elemento de ativação de patrocínio inclui uma promoção para aumentar o número de membros do programa de fidelidade. A melhoria nos relacionamentos B2B também certamente conta como um resultado.

Resultados do patrocínio

O Santo Graal da avaliação de patrocínio está em calcular os resultados reais de um patrocínio. Os resultados do patrocínio demonstram a realidade do desempenho de um patrocínio.

O número que a maioria dos gerentes sênior gostaria que aparecesse em um relatório é a relação entre vendas e a atividade de patrocínio. Isso é um desafio porque é difícil isolar os patrocínios dos outros elementos do *mix* de marketing. Há os eventos externos, atividades do concorrente, até mesmo variações sazonais que afetam as vendas. No entanto, é possível fazer alguns rastreamentos por meio de cupons promocionais, frequência de compra ou benefícios B2B, por exemplo. Embora seja aceito que esta medida é um desafio, os gerentes de patrocínio ainda devem perseguir ativamente os dados relativos a esse resultado se um impacto direto nas vendas for um objetivo-chave do patrocínio.

ROI vs. ROO

Historicamente, tem havido bastante ênfase na medição do **retorno sobre o investimento** (ROI), uma métrica financeira. O ROI é o ganho obtido com um investimento subtraído do custo desse investimento, dividido pelo custo desse investimento, e é matematicamente expresso pela seguinte equação:

ROI = (Ganho do investimento - Custo de investimento) / Custo do investimento

Para dar um exemplo, imagine um pequeno patrocínio com custos totais incluindo taxas e ativação de US$ 80,000, mas um valor total criado calculado em US$125,000:

$$ROI = (US\$ 125,000 \ US\$ 80,000) / US\$ 80,000 = 0,562$$

O retorno sobre o investimento é 0,562. Para o exemplo ser mais significativo, a maioria das pessoas tende a pensar em retorno sobre o investimento em termos percentuais, e a maioria das empresas tem uma taxa mínima de retorno sobre o investimento que utilizam para medir o desempenho potencial. Para converter o ROI em um percentual, usa-se a seguinte equação:

$$ROI=(US\$ 125,000 / US\$ 80,000) \ 100 = \textbf{156.25\%}$$

Isto é normalmente representado como um retorno do investimento de 56,25%, ou seja, o investimento inicial foi recuperado na íntegra, além de um adicional de 56,25% de lucro incremental ter sido gerado pelo investimento inicial de US$ 80,000.

A aplicação do ROI como metodologia de medição é atraente porque é um método comumente usado para medir retornos de negócios e, portanto (em tese), permite comparações entre os investimentos em patrocínio com outras opções. De fato, muito esforço tem sido despendido na tentativa de criar uma metodologia que permitirá o cálculo do ROI para todos os patrocínios e a elaboração de comparações diretas.

Tabela 5.3 ROI *versus* ROO

ROI	ROO
Baseado em dinheiro	Variedade de "moedas"
Avalia resultados em termos de eficiência financeira	Avalia resultados em termos do alcance dos objetivos

O problema com esta abordagem é que ela não considera a multiplicidade de objetivos que qualquer patrocínio tem a tarefa de alcançar, muitos dos quais não têm retornos financeiros diretos, como a campanha THINK! Superbikes britânica descrita no Capítulo 4. Portanto, quando se considera como mensurar o patrocínio, o **retorno sobre objetivos** (ROO) tornou-se a abordagem preferida.

As diferenças entre ROI e ROO estão destacadas na Tabela 5.3. Como discutido, o ROI é um indicador baseado em dinheiro. Ele avalia os resultados em termos de sua eficiência financeira: quanto dinheiro foi gasto e quanto retorno o investimento gerou? Em tese, deve ser possível analisar patrocínios diferentes, ou mesmo aspectos diferentes do *mix* de marketing, e identificar qual foi o mais eficiente em termos de gastos financeiros em comparação com o valor obtido a partir deste investimento.

A primeira diferença com o ROO é que ele tem uma variedade de "moedas". Certamente é possível ter como um dos objetivos do patrocínio "obter um determinado retorno sobre o investimento", e neste caso a "moeda" seria baseada em dinheiro. No entanto, entre as outras moedas podem estar o aumento de pontos percentuais na conscientização sobre a marca ou o número de pessoas que foram entretidas em uma hospitalidade relacionada ao patrocínio. No caso do THINK! Superbikes britânico (ver Capítulo 4) a "moeda" é vidas salvas.

A segunda diferença entre ROI e ROO é que o ROO avalia resultados em termos do grau de sucesso no alcance dos objetivos. Conhecemos o caso de pelo menos uma empresa de serviços profissionais em que o programa de patrocínio não tem objetivos específicos para o retorno sobre o investimento. Os objetivos da empresa explicitam a construção de relacionamentos e, logo, suas medidas em termos de alcance destes objetivos e, portanto, seus retornos, estão focados em quantos relacionamentos eles construíram, a maneira pela qual elas foram construídas, e sua força relativa, usando o programa de patrocínio como plataforma. Eles têm até uma pontuação para como as pessoas dentro da organização avaliam cada relacionamento em uma escala de 1 a 5. A eficácia do patrocínio é, portanto, calculada em termos de sua contribuição para o aumento dessas métricas de medição de relacionamentos. A empresa não avalia seus retornos em dinheiro em hipótese alguma. Na verdade, em termos de dinheiro eles veem o investimento em patrocínio como o equivalente do *loss leader*[1] de um varejista – como dinheiro gasto para atrair as pessoas para a loja em vez de dar uma contribuição direta para os resultados.

Metodologias de medição

Existem basicamente **três tipos de metodologia de medição** a partir das quais as métricas de avaliação de patrocínio podem ser criadas, conforme ilustrado na Tabela 5.4.

Quando falam sobre medição e avaliação de patrocínio, a maioria das pessoas pensa imediatamente em **pesquisa de mercado**. Ela tem um papel importante na avaliação do patrocínio e pode ser usada em todas as fases do ciclo de patrocínio para oferecer conhecimentos e percepções (ver Figura 5.2). Em primeiro lugar, a pesquisa de mercado pode ajudar as marcas a considerar quais são os seus atributos da marca, com que tipos de atributos da marca eles gostariam de associar-se, e quais seriam suas prioridades de mercado. Em termos de seleção, a pesquisa de mercado ajudará a determinar a propriedade ou propriedades que melhor se encaixam com as percepções do público, tanto para a marca como ela é percebida hoje e como ela pode ser desenvolvida no futuro. Durante a

---

[1]   Um *loss leader* é um *produto* que é vendido abaixo de seu custo para atrair clientes para o restante da linha de produtos.

fase de implementação do patrocínio, a pesquisa de mercado pode ser usada para observar o efeito de um patrocínio em comparação com outras atividades no *mix* de marketing. Certamente, na fase de revisão, a pesquisa de mercado pode ser muito útil na avaliação do alcance de alguns tipos de objetivos.

Tabela 5.4 Metodologias de medição de patrocínio

Quantitativa	Qualitativa	Outras
Objetivos SMART dependem de dados quantitativos para fornecer resultados robustos: • Demografia do público-alvo • Atitudes • Interesses • Percepções, uso, e atitudes em relação à marca	Fornece o contexto e/ou percepções mais profundas do que a pesquisa quantitativa: • Grupos de foco • Entrevistas	Todas as outras fontes de dados: • Resultados de vendas • Participação de mercado • Rotatividade de funcionários • Preço da ação

Figura 5.2 O papel da pesquisa de mercado

Pesquisa quantitativa

A **pesquisa quantitativa** envolve a coleta de dados a partir de um número estatisticamente significativo de entrevistados, a partir do qual é possível tirar conclusões quanto ao impacto geral sobre o público-alvo. Ela pode ser feita presencialmente, ou por questionário enviado pelo correio ou por e-mail. No entanto, a Internet tem barateado o custo das pesquisas, e os fãs de esportes são um dos poucos grupos dispostos a dar suas opiniões gratuitamente. As pesquisas *on-line* têm reduzido o tempo necessário para coletar dados de pesquisa e reduziram significativamente os custos de pesquisa, tornando-a acessível até mesmo para patrocínios menores. Embora a amostra talvez não seja sempre perfeitamente representativa, as pesquisas online podem gerar uma riqueza de informações úteis para o patrocinador.

Pesquisa qualitativa

A **pesquisa qualitativa** tenta entender os condutores de comportamentos por meio de um número relativamente pequeno de entrevistados, mas com uma investigação muito mais profunda sobre os efeitos do patrocínio. Enquanto a pesquisa quantitativa examina um grande número de pessoas respondendo a questionários relativamente objetivos de múltipla escolha, os grupos de foco e entrevistas qualitativos fornecem detalhes contextuais mais ricos. A desvantagem da pesquisa qualitativa é o seu alto custo, e por isso normalmente é usada apenas para patrocínios de alto valor.

Outras metodologias de medição

A pesquisa de mercado é uma forma óbvia de se entender como um patrocínio está progredindo, mas não é de forma alguma a única metodologia disponível para medir os resultados do patrocínio. Outros dados podem ser uma rica fonte de *feedback*. Enquanto era realizado um grande projeto em nome da ESA, foram identificadas outras fontes de dados para cerca de 40 objetivos diferentes possíveis de patrocínio.

Um exemplo é apresentado na Tabela 5.5, que ilustra a variedade de metodologias de medição que podem ser implantadas para avaliar o sucesso em relação ao objetivo de construir a fidelização à marca. O objetivo (muito mensurável) deste patrocínio era que o cliente comprasse a marca patrocinadora para atender a pelo menos 60% das suas necessidades totais para este produto ou serviço.

Para fins ilustrativos, imagine que o produto é o xampu da marca X e que, mesmo que os vários membros da família usem xampus diferentes, 60% do total de gastos com xampu feitos pelo domicílio são compostos por essa marca. As opções de como se pode verificar o sucesso estão listadas à direita do gráfico e classificadas como uma técnica quantitativa, qualitativa ou outra técnica nas colunas intermediárias.

Tabela 5.5 Exemplo de metodologias de medição para o objetivo de construir fidelidade à marca

Objetivo	Qual.	Quant.	Outra
Aumentar ou manter a fidelidade dos clientes à marca – o cliente compra a marca para atender a 60% ou mais das necessidades totais para este produto ou serviço	√ (marca – o cliente)	√ (Aumentar ou) √ (60% ou mais) √ (para este produto) √ (ou serviço)	• Pesquisa quantitativa para averiguar os níveis alegados de compra, comparando os expostos e não expostos ao patrocínio. • Pesquisa qualitativa para contextualizar diferentes níveis de lealdade entre os expostos/ não expostos. • Monitoramento do comportamento de compra nos programas de fidelidade • Monitoramento da participação no total de gastos do cliente via filiação a um painel de compras (*purchase panel membership*) • Taxas de retenção na renovação do contrato entre expostos/ não expostos

A forma simples é fazer perguntas sobre a marca X a uma amostra representativa de pessoas por meio de uma pesquisa de mercado. Alguns exemplos de perguntas são:

- Você está comprando esse xampu?
- Que outros xampus você compra, se compra outros?
- Quantas pessoas moram no domicílio?
- Quantas delas usam esse xampu?
- Alguma delas usa outros produtos similares que compra por conta própria?
- De todos os xampus consumidos em seu domicílio, que percentual você diria que corresponde a este xampu?
- Você está ciente de algum patrocínio realizados recentemente por este xampu?
- Em caso afirmativo, de qual(is) patrocínio(s) você já ouviu falar?

As respostas são tabuladas e, em seguida, verificadas, especialmente quanto aos níveis de compra alegados pelos entrevistados. A técnica clássica na pesquisa de patrocínio é comparar aqueles que estão cientes de um patrocínio específico promovendo o xampu da marca X com aqueles que não estão cientes do patrocínio. Quaisquer diferenças decorrentes de hábitos de compra do produto, todas as outras variáveis sendo iguais, sugerem o grau em que o patrocínio está convencendo mais pessoas a comprar o xampu da marca X, e se estes clientes são ou não suficientemente **"leais"** ao xampu da marca X como foi definido no objetivo.

Qualitativamente seria possível fazer uma investigação mais profunda e analisar os dois grupos diferentes – **expostos** e **não expostos** – e verificar o que realmente impulsiona sua decisão de compra. Isso ajudaria a compreender quais os elementos do patrocínio têm sido os principais condutores de lealdade da marca X, e se existem outras oportunidades de alavancagem que possam influenciar um grupo maior de pessoas expostas a serem ainda mais fiéis à marca.

Outra forma legítima de monitoramento neste exemplo poderia ser o uso de dados do programa de fidelidade de grandes cadeias de supermercados para entender exatamente quais clientes estão comprando o produto e adquirindo produtos dos concorrentes. Com o tempo, é provável que isso forneça um indicador mais preciso do diferencial de vendas real do que os hábitos alegados de compra, especialmente se várias promoções relacionadas ao patrocínio são executadas em uma cadeia ou área, e uma outra cadeia ou área de atuação funciona como grupo de controle.

Em alguns setores e mercados da indústria existe algo chamado de **painel de compra**, que é onde um corte transversal de pessoas fornece seus comprovantes de comprar semanalmente para uma organização que, em seguida, codifica-os. Isto proporciona uma compreensão de tudo o que o domicílio gastou, e esse método deve fornecer os dados mais consistentes sobre os comportamentos de compra reais para este produto em particular.

Finalmente, se o item não era um xampu, mas algum tipo de produto comercializado por assinatura, como uma revista, outro exemplo poderia ser as taxas de retenção sobre a renovação contratual entre os expostos e os não expostos. Esta medida pode ser aplicada nos ambientes de consumidor e B2B.

Estudo de caso – Medição dos múltiplos efeitos de um patrocínio

Principais pontos de aprendizagem:

- Há uma variedade de ferramentas que podem ser usadas para qualificar o desempenho do patrocínio.
- Não tenha receio de testar ferramentas para ver quais funcionam melhor em determinadas situações.

Quando a gestão europeia regional de uma marca global de varejo se viu obrigada a opinar se sua principal plataforma de patrocínio global deveria ser renovada, ele percebeu que nenhum objetivo SMART havia sido registrado no início do programa de patrocínio e havia poucos dados sobre os quais fundamentar uma opinião. Além disso, havia muitas emoções polarizadas dentro da organização. As pessoas amavam o patrocínio, e enxergavam uma infinidade de benefícios para a empresa advindos do investimento no patrocínio, ou achavam que ele era um desperdício completo de dinheiro e não queriam nem ouvir falar sobre ele.

A gestão acabou recomendando que a melhor ação seria renovar o patrocínio por mais cinco anos. A decisão baseou-se no fato de que não foi encontrada nenhuma evidência que sugerisse que o patrocínio estava prejudicando a marca ou negócio. Alguns dados também pareciam indicar a possibilidade de que o patrocínio tinha gerado um impacto positivo.

Contudo, a gestão regional decidiu que não estaria na mesma posição quando o contrato chegasse à época de sua próxima renovação. As renovações subsequentes seriam decididas por meio de dados, e um plano de ação composto por três fases foi posto em prática para tornar isto realidade. Primeiro, era importante ter mais dados de melhor qualidade no nível macro. Segundo, a fim de medir alguns projetos específicos e ver como esses poderiam atuar como *proxies* (representantes) para outros projetos a serem promovidos, eram necessários mais dados de nível micro. Finalmente, houve uma nova ênfase em tornar esses dados disponíveis e garantir que a alta administração estivesse ciente dos resultados de modo que ela entendeu como o patrocínio contribuía para o negócio.

Continua na página seguinte ...

Fase 1– Expansão de dados em nível macro
A primeira ação foi examinar o rastreador de marca global e as perguntas que estavam sendo feitas e que estavam relacionadas com o patrocínio (ver Figura 5.3).

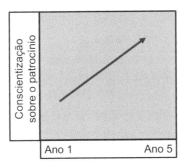

Figura 5.3 Resultados do rastreador de marca global

Para aumentar a robustez dos dados nos principais mercados a marca:
- dobrou os tamanhos das suas amostras;
- insistiu que todos os mercados monitorassem as perguntas relacionadas com o patrocínio a cada ano para fornecer um quadro mais claro do desempenho.

Uma vez que os dados foram sendo relatados, a gestão regional pode demonstrar que a conscientização sobre o patrocínio entre o público-alvo aumentou substancialmente.

No entanto, estes dados eram de topo de linha e, portanto, a marca queria entender melhor o que estava acontecendo nos mercados-chave que foram considerados representativos do negócio global em toda a Europa.

Fase 2 – Aprimoramento de detalhes em nível micro
A marca reconheceu que a força da relação de patrocínio e como ela foi alavancada diferia substancialmente em toda a Europa e queria entender melhor estas diferenças e seus impactos sobre os resultados gerais. Por isso, iniciou uma série de projetos que tinham por objetivo trazer mais informações sobre estas questões.

Continua na página seguinte ...

Pesquisa sobre o desempenho do patrocínio

A marca instigou a pesquisa de mercado sobre o desempenho de patrocínio em vários mercados-chave que representavam facetas diferentes da relação de patrocínio. Os objetivos da pesquisa foram:

- Mensurar o desempenho do patrocínio em relação aos objetivos.
- Identificar pontos fortes e fracos.
- Tirar conclusões e fazer recomendações que permitissem ação imediata.
- Determinar o desempenho ano a ano.

A empresa de pesquisa auxiliou no monitoramento dos resultados, e as diferenças entre os mercados forneceram dados essenciais quanto à forma como o patrocínio funcionava em ambientes de mercado diferentes (ver Figura 5.4).

Medição de exposição na mídia

Um dos argumentos que havia sido apresentado para não renovar o patrocínio foi que a exposição da marca por meio do patrocínio não se comparava favoravelmente com a publicidade (ver Figura 5.5). Após ter renovado o patrocínio por mais um período, uma agência especializada em monitoramento de exposição foi contratada para fornecer os dados necessários para subsidiar as discussões.

Embora a marca reconhecesse que a avaliação de exposição de mídia era uma métrica fraca, o monitoramento do valor e a aplicação de uma taxa de desconto para reconhecer a diferença entre publicidade e a exposição ao patrocínio demonstraram que o mesmo tinha sim um papel importante, especialmente nos mercados onde se investia pouco ou nada em publicidade para televisão.

Vendas da rede

Embora fosse aceito que a rede de vendas relacionada com o patrocínio fosse menor do que as de algumas outras marcas, as vendas por meio deste canal ainda representavam um retorno direto sobre o investimento em patrocínio. Logo, a marca começou a acompanhar as vendas através deste canal, incluindo tanto as vendas diretas para o detentor de direitos e as vendas feitas pela rede pós-venda do detentor de direitos (ver Figura 5.6).

Continua na página seguinte ...

Figura 5.4 Resultados do rastreador de patrocínio

País	Cobertura total	Presença da propriedade Tempo	%	Valor	Legibilidade da marca Tempo	%	Valor
Bélgica	130:44:56	47:48:38	36,6%	2.359.214	02:49:21	5,9%	149.471
França	126:24:56	34:53:11	27,6%	47.294.486	02:24:15	6,9%	1.889.978
Alemanha	285:46:53	66:14:17	23,2%	48.578.898	04:20:17	6,5%	4.373.934
Itália	127:40:43	43:32:29	34,1%	58.640.608	03:15:12	7,5%	4.028.614
Holanda	124:48:27	32:38:18	26,2%	9.428.649	02:28:57	7,6%	837.412
Satélite	8:49:53	3:16:12	37,0%	605.343	00:28:47	14,7%	128.696
Espanha	32:07:08	11:57:53	37,3%	8.509.801	00:28:29	4,0%	266.009
Reino Unido	107:27:57	30:01:23	27,9%	44.533.314	02:07:28	7,1%	2.545.654
Total	943:50:53	270:22:2	28,6%	219.950.313	18:22:46	6,8%	14.219.769

Figura 5.5 Avaliação da exposição de mídia

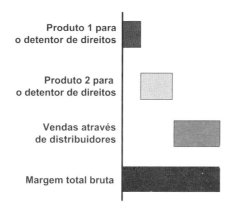

Figura 5.6 Margem bruta de vendas da rede

Continua na página seguinte ...

O fato que mais contribuiu para a margem foram as vendas através de distribuidores, que também apresentaram uma margem bruta significantemente mais alta e, portanto, contribuíram para o resultado financeiro.

Merchandise
Como parte do patrocínio, a marca foi capaz de armazenar e vender o *merchandise* do detentor de direitos na rede da marca, mas historicamente isso havia sido alavancado arbitrariamente pelo mercado. Foram realizados testes para entender melhor o papel que a venda deste tipo de *merchandise* poderia ter no mix de varejo.

A conclusão foi que mercados diferentes apoiam tipos diferentes de proposição. Talvez indo contra o senso comum, a marca descobriu que poderia vender mais *merchandise* (publicidade)de valor mais alto e, portanto, obter quantias significativas com essas vendas, em mercados menos maduros. Em mercados mais maduros a operação mais eficaz de *merchandise* foi muito pequena, oferecendo itens como porta-chaves. Esta pesquisa auxiliou no planejamento do espaço da loja para maximizar os lucros em todo o leque (ver Figura 5.7).

Hospitalidade
A pesquisa sobre o impacto da hospitalidade nos convidados foi reconhecida como um desafio. Durante um evento, nenhum convidado deseja ser abordado por alguém carregando uma prancheta e que lhe pede para avaliar sua experiência.

Figura 5.7 Resultados da pesquisa sobre *merchandise*

Continua na página seguinte ...

No entanto, uma vantagem deste patrocínio foi o tempo de traslado por ônibus após o evento, que proporcionou uma oportunidade ideal para os convidados preencherem um questionário de *feedback*. Esta oportunidade foi usada para reunir dados úteis tanto sobre a experiência de hospitalidade e seu impacto sobre os convidados.

A pesquisa sugeriu que houve uma mudança muito positiva entre as pessoas que foram entretidas, e que indicaram se sentirem mais dispostas a fazer negócios com a marca (ver Figura 5.8).

No entanto, a marca reconheceu que as pessoas que receberam uma hospitalidade de alto nível normalmente tem um comportamento bem discreto. Por este motivo, eles também monitoraram as vendas resultante relacionadas com as empresas das pessoas entretidas. Foi constatado que, quando os representantes de uma empresa tinham sido entretidos em um ambiente relacionado ao patrocínio, a margem bruta anual de vendas para essas empresas aumentou 30% de um ano para o outro, em comparação com um total de 8% para os mercados em que as empresas estavam sediadas (ver Figura 5.9). A conclusão sugere que o entretenimento relacionado ao patrocínio não era um desperdício de dinheiro, mas sim um investimento empresarial sério.

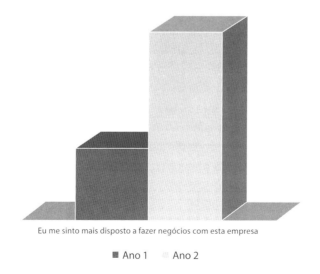

Figura 5.8 Impacto da hospitalidade

Continua na página seguinte ...

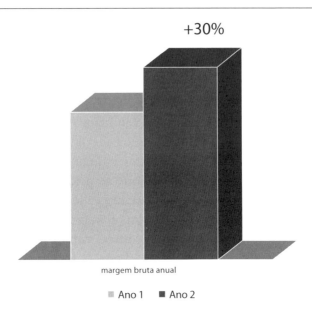

Figura 5.9 Monitoramento das vendas diretas

Melhores práticas internas

Uma iniciativa interessante foi a de avaliar o patrocínio por meio da introdução de um prêmio Interno de Patrocínio. O principal objetivo destes prêmios internos era colher e compartilhar ideias impactantes de ativação em uma organização descentralizada e multimercado. Os vencedores ganharam destaque nos meios de comunicação interna e as cerimônias de premiação foram conduzidas por um gerente sênior em cada mercado.

Os prêmios geraram mais de 60 estudos de caso de melhores práticas baseados em dados, que foram categorizados e compartilhados entre todos os mercados. Esta iniciativa foi especialmente inteligente porque teve custo praticamente zero e reduziu a quantidade de dinheiro gasto na reinvenção da roda para programas similares em outros mercados.

Fase 3 – Comunicação Regular

Além da premiação para patrocínios, o Conselho Europeu recebeu um relatório anual de indicadores-chave de desempenho (KPI, na sigla em inglês) que abrangeu tanto as medidas da marca, bem como os resultados de negócios que estavam sendo monitorados.

Continua na página seguinte ...

Além disso, foi realizada uma revisão semestral formal para que houvesse um entendimento claro do que tinha sido alcançado até a data e até onde eles pretendiam ir antes que chegasse o momento de decidir pela renovação. Há um ditado que postula que **"o que é medido é feito"**, mas também costuma-se dizer que o que é **relatado** recebe **prioridade**. A elaboração de relatórios regulares foi essencial para dar informações ao Conselho Europeu antes da tomada de decisão seguinte sobre a renovação.

Resultados positivos

No geral, os resultados positivos foram que a marca foi capaz de fornecer insumos robustos e racionais para a decisão seguinte sobre renovação. O valor obtido com o patrocínio foi claramente entendido pela alta administração, e todos puderam formar opiniões racionais sobre os benefícios que ele trazia para os resultados.

O patrocínio também foi reposicionado a partir de uma ação considerada irrelevante em alguns mercados europeus para investimento muito mais focado na Europa. Ele então passou a ser tratado como tal, e recebeu o nível adequado de atenção por parte do Conselho Europeu.

Tendo desenvolvido estas metodologias em torno deste patrocínio, a marca foi então capaz de expandi-los para outros patrocínios importantes, desenvolvendo sua própria melhor prática em avaliação, bem como na ativação.

As razões erradas para a renovação

Um problema comum enfrentado pelas organizações, que resulta na retenção de um patrocínio muito tempo após sua vida útil, é a percepção de que se a organização abandonar um patrocínio, um concorrente vai intervir em detrimento dos negócios da organização. A solução para isso é semelhante ao comportamento de um concorrente em potencial quando da assinatura de um novo patrocínio, ou seja, planejamento de cenários. Em alguns setores onde existem poucos concorrentes, a modelagem de possíveis reações do concorrente é fundamental, como nos segmentos de refrigerantes ou cartões de crédito. Este pode ser um desafio, mas as evidências devem ser revistas meticulosamente se esta for a única razão para manter um patrocínio em particular.

Muitas vezes os patrocínios prosseguem por anos fio porque ninguém prestou atenção de verdade à renovação, e a tomada de decisão torna-se automaticamente favorável porque ninguém procura desafiar o *status quo*. A razão por que isso poderia acontecer é que a organização pode não perceber que seus objetivos mudaram. No atual ambiente dinâmico de marketing, os patrocínios podem rapidamente deixar de serem adequados ao seu propósito. Para evitar que isso ocorra, qualquer patrocínio devem ser regularmente revisto à luz da estratégia de marketing para verificar se o investimento continua a atender aos objetivos de marketing.

Outro desafio de retenção surge por causa da bagagem emocional corporativa. Quando uma organização investe em um patrocínio por um longo período, e a diretoria passa a gostar dele e conhece os principais atores, torna-se cada vez mais difícil para a organização tomar uma decisão de investimento racional. Se um patrocínio não é mais relevante, cabe ao gerente de patrocínio tentar refutar os argumentos a favor de sua retenção com dados concretos. É claro que a diretoria pode optar por ignorar os dados ou desacreditá-los, e neste caso é melhor procurar uma nova posição em que o patrocínio receba o respeito apropriado.

 ## Principais lições

- Crie seu projeto de avaliação durante a fase de planejamento, em vez de deixá-lo para quando for tarde demais e não houver chance de ter em mãos os dados necessários para acompanhar o desempenho do patrocínio, e, principalmente, ter subsídios para uma decisão de renovação.
- Defina uma referência, de preferência antes de iniciar um patrocínio, de modo que o impacto do patrocínio possa ser claramente articulado através de métricas relevantes de patrocínio.
- Os objetivos SMART são difíceis de criar, mas o esforço despendido será totalmente recompensado na simplificação do monitoramento de resultados.
- Lembre-se que o ROO tem uma variedade de moedas.
- A pesquisa de mercado é uma ferramenta valiosa para coleta de dados, mas não é a única existente para avaliar os resultados do patrocínio.
- Não coloque valor excessivo nas medidas de insumos em uma avaliação de patrocínio: os produtos e resultados são as medidas mais válidas.

- Tente encontrar o equilíbrio adequado entre a compreensão dos impactos e os resultados e não gaste demais na avaliação como fim em si mesma.
- Não renove o patrocínio apenas por medo de que um concorrente tomará o seu lugar e alavancará o patrocínio de forma mais eficaz. As prioridades mudam com o tempo e as organizações de melhores práticas reveem rigorosamente todos os seus patrocínios com regularidade.

Resumo

A medição e avaliação baseada em dados é um verdadeiro desafio, mas essencial para compreender o desempenho do patrocínio. Resista à tentação de fugir da avaliação e use a definição de objetivos SMART como a pedra angular para um modelo eficaz de avaliação. Como diz o ditado, **"Roma não foi construída em um dia"**, e isso se aplica da mesma forma a um programa eficaz de avaliação. Pode levar algum tempo e esforço para criá-lo, mas os resultados provarão o poder de patrocínio como uma disciplina de marketing com credibilidade.

PARTE II

Quem Procura Patrocínio

CAPÍTULO 6

DESENVOLVIMENTO DE UMA ESTRATÉGIA DE PATROCÍNIO

 Visão Geral

Esta seção do livro foi escrita especificamente para quem busca patrocinadores, que costumam ser mais conhecidos no patrocínio como "**detentores de direitos**" ou às vezes como "**patrocinados**".

Começamos dando ênfase ao raciocínio que, idealmente, deve ocorrer no início do desenvolvimento de um programa de patrocínio para sua organização.

- Vamos mostrar como o fato de se ter uma boa estratégia desde o início, ou se dedicar com mais afinco à sua estratégia atual, realmente o ajudará a atualizar e melhorar quando você chegar à parte mais importante da cadeia – o **processo de vendas**.
- Um fato simples que sempre deve ser lembrado é que seu ponto de vista sobre a oferta pode ser muito diferente daquele do patrocinador. Eles verão o seu orgulho e satisfação – talvez uma atividade ou um evento no qual você tenha investido muitas horas e feito um grande compromisso pessoal - simplesmente como uma ferramenta (em geral entre muitas alternativas) com a qual possa ajudá-lo a alcançar seus próprios objetivos.
Neste capítulo, explicamos que:
- O patrocínio moderno está muito mais relacionado com o marketing criativo do que simplesmente com a exposição às compras.

- Seu patrocínio talvez precise despertar o interesse de vários departamentos dentro da mesma empresa, especialmente quando todos estão todos pagando uma parcela do preço com os seus respectivos orçamentos.
- É importante apresentar um material que detalhe todas as experiências anteriores que você tenha tido com os patrocinadores, pois isso será um elemento valioso para ajudar a convencê-los que serão bem atendidos.
- Rever e atualizar seus ativos é um passo vital na definição da estratégia que o ajudará a vender mais com sucesso.
- Os patrocinadores são cada vez mais exigentes, e sua estratégia deve levar em conta a mão de obra, recursos e orçamento necessários para manter o patrocínio que acabará levando eventualmente a renovações.
- A preocupação em criar uma estratégia também será um seguro e proteção contra mudanças internas no futuro, como uma nova administração que possa questionar a lógica de um patrocínio em particular.
- Você só pode mostrar os bons resultados que conseguiu pessoalmente através da medição em relação aos parâmetros originalmente estabelecidos por escrito em uma estratégia de patrocínio.
- Vale a pena pensar e reconhecer formalmente os desafios internos que você pode enfrentar caso o patrocínio seja trazido para a sua organização. Isto inclui a mão de obra necessária para lidar com patrocinadores, responsabilidade fiscal, possível redução de verbas públicas que possam ser destinadas a você, e preocupações com a influência indevida de patrocinadores. Utilizando estudos de caso, mostramos que os patrocinadores podem lhe trazer vantagens tão valiosas como dinheiro, como benefícios ou marketing em espécie.
- Mostramos como é importante compreender seus valores e imagem e como o mundo exterior o vê; como mostrar aos patrocinadores o tipo de público que você pode trazer a eles, e como assimilar as melhores práticas dos concorrentes em sua proposta.

 ## O que os patrocinadores modernos querem

O patrocínio já percorreu um caminho muito além de alguns logotipos e placas, alguns bilhetes de hospitalidade e uma operação financeira. Ele também não deve ser confundido com filantropia (e essa é uma razão pela qual não gostamos de ver pacotes "Ouro, Prata e Bronze" porque isso dá a ideia de que o patrocínio de alguma forma equivale a dar dinheiro para uma boa causa). Ele agora é visto pelas empresas como algo muito mais sofisticado. Estamos deixando de ser vistos como um subgrupo da publicidade que vendia logotipos, exposição, custo por mil impressões, e entramos em uma fase muito mais criativa - o que é de fato positivo para todos que trabalham com patrocínio.

O patrocínio está se tornando muito mais "misturado" com as outras atividades de uma empresa, pois as melhores organizações estão vendo o patrocínio como uma parte da construção de sua marca, e não uma atividade isolada em si mesma. Departamentos como relações públicas, marketing, vendas diretas e responsabilidade social corporativa (RSC) muitas vezes têm a oportunidade de opinar, e são frequentemente convidados a compartilhar o custo do patrocínio. Portanto, sua proposta deve ter condições de atrair o interesse de mais de um departamento de uma empresa.

Os patrocinadores estão, acima de tudo, buscando criar situações onde possam entrar em contato com um grupo que desejam atingir em um ambiente positivo memorável, ação que muitas vezes é chamada de criação de "pontos de contato com o consumidor". Isso significa que o trabalho do detentor de direitos, quando pensa na estratégia, é examinar que ativos tem a oferecer que um patrocinador não poderia comprar em outro lugar, e assegurar a ele que você o apresentará a um grupo de pessoas para as quais ele quer causar uma boa impressão.

Então, sabendo de tudo isso, como vamos corrigir nossa estratégia de modo que ela esteja certa desde o início? É assim que o processo de patrocínio apareceria em um mundo ideal, como pode ser visto na Figura 6.1, que é um guia passo a passo para se pensar em uma estratégia a partir do ponto de vista de quem busca um patrocinador.

Se a estratégia é mesmo o primeiro ponto de partida, que tipo de coisas deveríamos buscar nesta fase?

Fazendo uma revisão histórica do patrocínio em sua organização

O **primeiro passo** é coletar qualquer coisa que tenha sido feita antes e quaisquer experiências anteriores de patrocínio dentro da organização, pois elas costumam ser subvalorizadas. Uma experiência bem-sucedida com um patrocinador tem um grande impacto sobre futuros patrocinadores porque lhe confere um *pedigree* e assegura ao patrocinador que ele será bem cuidado.

Recomendamos que você:

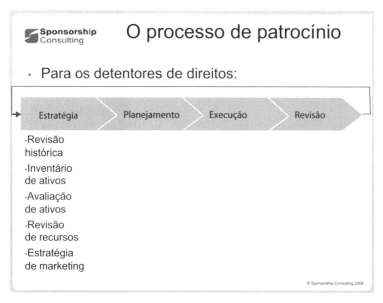

Figura 6.1 Guia de estratégia passo a passo

- Compile uma lista com os nomes de quaisquer patrocinadores anteriores (ou "quase patrocinadores" que um dia demonstraram interesse em se tornarem patrocinadores e podem sê-lo novamente).
- Verifique se há algum depoimento ou referências desse patrocinador ou, se possível, entre em contato com ele para ver se você pode obter uma declaração (Isso também pode ser um prelúdio para obter a repetição do patrocínio).

Inventário de ativos

Se você estiver analisando se o patrocínio é a coisa certa a se fazer, ou se estiver atualizando sua estratégia atual, você pensará sobre os ativos sob sua guarda que podem ser trazidos a público e vendidos.

Apresentamos no Capítulo 7 uma **ferramenta de verificação de ativos** completa, mas a Tabela 6.1 mostra **quatro necessidades** abrangentes do patrocinador que os patrocinadores podem consultar e analisar se você está agregando valor.

Após analisar as áreas na tabela, a pergunta seguinte é: como atribuir um valor ao seu pacote? Inúmeras vezes isto é feito em termos de quanto custa executar a atividade, e não o valor que ela representa para o patrocinador. O próximo capítulo irá mostrar-lhe como avaliar o pacote.

Tabela 6.1 Lista de verificação das necessidades

Necessidades do patrocinador	Ação necessária
1. Uma conexão útil com um grupo-alvo	• Você tem alguma informação, e pode descrever aos patrocinadores que tipo de pessoas os seus fãs ou públicos são? • Tenha certeza que você dirá ao patrocinador que sabe muito sobre essas pessoas, que elas são um público atrativo e de alguma forma trarão um benefício para aquele patrocinador. Você está entregando conexões, públicos de pessoas engajadas que o patrocinador pode conhecer e com quem pode conversar em uma relação quase individualizada. • Pense em fazer uma pesquisa neste momento, (entre os espectadores do evento, por exemplo) para coletar alguns dados que possam ser usados mais tarde no processo de vendas.
2. Exposição	• Apesar de os patrocinadores hoje estarem talvez mais conscientes da importância da alavancagem e de usar um patrocínio para fornecer mais do que apenas exposição, a quantidade de exposição que você pode oferecer ainda é a moeda forte no mundo do patrocínio. Seja um pequeno evento na imprensa local, ou a Copa do Mundo da FIFA com bilhões acompanhando pela televisão, milhões de dólares de patrocínio por ano são negociados nos bastidores do evento ao redor do mundo.
3. Transferência de imagem	• Em parte, os patrocinadores querem que o patrimônio de sua imagem trabalhe para eles. • Assim, é importante ser capaz de descrever exatamente o que você representa e os valores que defende, e a maioria dos detentores de direitos precisa se dedicar mais a isso quando pensa sobre patrocínio. • Trabalhe na definição ou redefinição de seus valores fundamentais e atributos de imagem para que um patrocinador tenha condições de compreender plenamente o valor que você traz para a negociação.

Revisão de recursos

Quando se trata dos recursos que você tem por trás de seus esforços de patrocínio, é muito importante lembrar que o patrocínio consome muita mão de obra. Isto se aplica ao patrocinador, e também a você, o detentor de direitos, porque ter patrocinadores significa manutenção contínua e uma série de cuidados para reagir a situações e exigências que mudam com o tempo. Haverá um impacto nos custos e no pessoal, e isso é algo a ser considerado com muito cuidado dentro da organização.

Estratégia de patrocínio

O resultado de tudo isso deve ser a elaboração de uma declaração clara do que tem que ser conseguido por meio do patrocínio, que será inserida na fase de planejamento e orientará todo o processo vários anos no futuro. Isso pode incluir:

- Metas de receita, com saldo dos benefícios em espécie e em dinheiro, se for o caso.
- Se o benefício em espécie abrange conhecimentos especializados, uma lista de áreas desejadas e benefícios esperados.
- Usos pretendidos do dinheiro de patrocínio para quaisquer projetos extra ou de desenvolvimento além do apoio aos custos normais de funcionamento.
- Uma lista de outros benefícios, incluindo públicos específicos a serem alcançados, tais como escolas, governo local ou nacional, líderes comunitários etc.
- Resultados desejados e mensuráveis, como a conscientização crescente do esporte ou atividade, exposição à mídia ou instalações aprimoradas para atletas ou artistas.

(?) Por que se preocupar com uma estratégia de patrocínio?

Para muitos de nós a estratégia pode ser simplesmente sair no mundo e conseguir alguma receita extra. Em outros casos, pode ser considerado um pouco tarde para elaborar uma estratégia, pois você já está no mercado.

Em ambos os casos, no entanto, vale a pena elaborar uma estratégia, uma vez que isso significa que qualquer ação posterior se encaixa com o foco geral e direção que a organização quiser adotar. Ela deve ser integrada a tudo o que você quer fazer e com suas ambições. As coisas mudam rápido nas organizações, e no momento elas parecem mudar mais rápido do que nunca. As pessoas abandonam conceitos antigos, e ideias que foram muito valiosas e de grande relevância há três anos às vezes parecem um pouco obsoletas quando são analisadas de novo.

A estratégia é na verdade uma apólice de seguro para definir qual era o raciocínio, e quais eram as metas, de modo que as pessoas possam consultar as expectativas originais. Isso ajuda a proteger a organização e também a nós, individualmente, como profissionais e funcionários. Ela ajuda a proteger os nossos empregos, porque mostra as informações e a lógica que orientaram a decisão de entrar em um patrocínio. Por fim, qualquer medição ou avaliação do patrocínio, ou de seu próprio desempenho, só faz sentido se puder ser comparada com algum tipo de dado de referência.

Nossa experiência como uma agência de patrocínio e no trabalho com marcas globais nos mostra como os patrocinadores pensam na vida real, e os melhores têm muita clareza sobre a importância de uma estratégia para si.

Uma pesquisa feita pela ESA apresentada na Figura 6.2 mostra que, quando os patrocinadores foram convidados a citar o maior fator para terem sucesso no patrocínio, sua grande prioridade era **"desenvolver uma estratégia"**.

Figura 6.2 – Os principais fatores de sucesso para o patrocínio segundo os patrocinadores
(Reproduzido com permissão da ESA)

Sugerimos que os detentores de direitos também priorizem o desenvolvimento de uma estratégia de patrocínio.

O patrocínio é adequado para nós?

É legítimo examinar o impacto que o fato de ter patrocinadores teria em sua organização e, em alguns casos, é importante limitar o papel que o patrocínio irá desempenhar. Em alguns casos raros é reconhecido que a organização não deveria sequer cogitar ter um patrocínio. A Tabela 6.2 apresenta uma lista de verificação quando se pensa em sua própria organização.

A próxima seção analisa essa medida cada vez mais comum e benéfica descrita acima, onde é possível obter algo além de dinheiro, e onde os patrocinadores pode trazer algo para as organizações que eles não têm atualmente, mas que é tão valioso como o dinheiro.

Os patrocinadores podem dar mais do que dinheiro

Acreditamos que a recessão acelerou um processo que provavelmente já estava acontecendo no patrocínio. A única coisa boa sobre a crise foi que os detentores de direitos tiveram que pensar muito mais sobre outros valores que podem ser obtidos em vez de dinheiro.

Quando pensamos sobre isso, o modelo é a palavra **"remuneração"**, e o que queremos dizer com isto é o valor global do que o patrocinador traz consigo. Na maioria dos casos ele aparece do lado esquerdo da Figura 6.3. Todos gostam de dinheiro porque ele é extremamente flexível e pode ser usado de diversas formas possíveis e imagináveis para o bem da organização. Cada vez mais, no entanto, não é possível pedir, ou receber, o dinheiro que talvez tenha sido pago até poucos anos atrás. Embora as empresas ainda assinem o mesmo número de negociações como antes, há algumas evidências indicativas e estatísticas para mostrar que a duração média e valor dos negócios têm diminuído, o que muitos no negócio de venda de patrocínio aprenderam da maneira mais difícil nesses últimos anos.

Tabela 6.2 Lista de verificação dos riscos

Riscos para financiamento atual	Uma das objeções que às vezes aparece internamente, muitas vezes em órgãos públicos, é o receio sobre o financiamento. A pressão sobre o dinheiro público está forçando muitos órgãos a cogitar sanar déficits do orçamento com dinheiro comercial.
	• A preocupação manifestada com frequência é que, quando órgãos públicos começam a obter patrocínio, ou aumentam significativamente um programa de patrocínio já existente e pequeno, haverá mudanças no modo como os órgãos públicos ou governos veem a organização.
	• O pior cenário imaginado é que, se o órgão tornar-se mais autossuficiente, haveria um argumento para a redução do apoio público.
	• Este é um receio legítimo para muitas organizações e que vale a pena explorar e registrar na fase de definição da estratégia.
Mudanças internas: ferramentas e recursos necessários	O patrocínio é uma atividade que consome muito tempo e as questões a serem consideradas na definição da estratégia interna são:
	• Quem deve participar?
	• Quem assumirá o controle e tentará coordenar o programa?
	• Isso significaria a contratação de pessoal extra, ou o uso de um agente externo?
	Recomendamos estudar esta área cuidadosamente em sequência aos três pontos abaixo. Ser **realista** sobre as exigências de tempo sobre as pessoas ajudará a garantir que todos se sintam confortáveis desde o início, sem o surgimento de surpresas desagradáveis no futuro.
	• Análise de como os diferentes departamentos trabalham em conjunto e coordenam atividades. Os detentores de direitos maiores podem ter departamentos de publicidade, relações públicas e vendas de ingressos que terão de trabalhar juntos.
	• O que é necessário para abordar, administrar e explorar plenamente o patrocínio comercial? Um exemplo é o de uma equipe esportiva, onde um dos ativos patrocináveis é o acesso aos atletas ou o uso da área do complexo esportivo. O pré-planejamento evita potenciais conflitos entre atletas que querem se concentrar na preparação para competir e vencer e o departamento comercial que precisa ter acesso a esses atletas.
	• Isso afetaria o desenvolvimento atual de RH?

Continua na próxima página

132 | MANUAL DO PATROCÍNIO

Tabela 6.2 (continuação)

Riscos tributários, financeiros e políticos	Algumas das questões que podem chamar sua atenção são financeiras: • O lucro de patrocínio pode ter um tratamento tributário diferenciado. • Algumas organizações, por exemplo, foram pegas por terem que pagar impostos sobre os ingressos ou hospitalidade dados de graça, mas vistos como um benefício tributável. • Há também regras sobre hospitalidade e ingressos que podem ser recebidos por políticos, formuladores de políticas e funcionários de empresas que podem diminuir o valor do que você pode oferecer. Isso varia de país para país, mas pode realmente ser um problema, e precisa de aconselhamento especializado antes que algo sério ocorra.
Conflitos internos	Outra preocupação, muitas vezes expressa internamente nesta fase, é a possibilidade de algum tipo de contaminação por parte dos patrocinadores comerciais, ou de se ter patrocinadores inadequados, especialmente em áreas sensíveis como lanches rápidos, álcool ou jogos de azar. • A maioria das organizações tem algum tipo de política sobre não se envolver com álcool, tabaco ou armas de fogo, que são os exemplos mais óbvios. Todavia, definir e discutir esta questão e ter uma política escrita assinada e fruto do consenso faz parte de qualquer análise estratégica sensata. Isso nem sempre ocorre em todas as instituições que existem, mas é essencial que a responsabilidade seja compartilhada e tudo seja passível de responsabilização. • Isto é especialmente importante no mundo muito transparente de ONGs e organizações sem fins lucrativos, que ainda são muito sensíveis internamente à idéia de serem influenciadas por um patrocinador comercial. Ter a política por escrito é um bom mecanismo de segurança para todos dentro da organização, tanto agora como no futuro.
Tudo tem a ver apenas com dinheiro?	A pergunta definitiva a ser feita sobre por que você está se envolvendo com um patrocínio é: **"Como ele se encaixa no que fazemos como uma organização ou instituição"?** • Muitas das objeções internas vêm de uma visão antiquada de patrocínio que remonta a uma época em que os patrocinadores davam dinheiro em troca de alguma exposição. Acreditamos que essas objeções podem ser contornadas se explicarmos que os patrocinadores sabem que só através da integração profunda com a propriedade patrocinada, e por ficar claro que eles trouxeram benefícios óbvios para ambas as partes, que o patrocínio será bem sucedido.

Continua na página seguinte ...

Tabela 6.2 (continuação)

- Após os indivíduos cínicos ou que fazem objeção virem o potencial que um patrocinador corporativo com uma grande máquina de RP pode ter na sensibilização para o evento ou atividade que eles adoram, percebemos que muitas vezes eles ficam entusiasmados com as possibilidades e tornam-se extremamente prestativos.

- Mostrar como um patrocinador pode ajudar agregando um valor que vai além de dinheiro também neutraliza uma objeção expressa dentro de uma organização que tem um orçamento operacional tão impressionante que qualquer receita trazida por patrocínio fica ofuscada.

E o que fazemos se tivermos um patrocinador que diz: "Bem, na verdade o meu orçamento é pequeno, não posso pagar tudo isso"? Não precisa ser o fim da conversa, mas pode ser o início de um novo diálogo, examinando o que pode entrar na equação para equilibrar a participação reduzida de valor monetário, como é mostrado no lado direito da Figura 6.3.

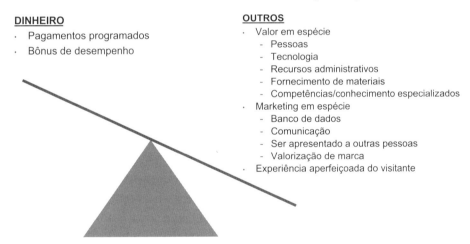

Figura 6.3 Promovendo o equilíbrio entre dinheiro e outros tipos de remuneração

Quando se muda o olhar para examinar o valor não monetário, há duas grandes categorias: **valor em espécie** e **marketing em espécie**.

Valor em espécie

O recebimento de materiais e produtos, desde que não causem impacto ao orçamento porque eram necessários de qualquer maneira, é uma vantagem óbvia. Os exemplos mais óbvios são os de empresas como Nestlé e a água *Pure Life* patrocinando a *Virgin London Marathon*. O evento, portanto, economiza em um item que de outra forma teria de ser comprado com o seu orçamento operacional.

 Estudo de caso – Nokia e o World Wildlife Fund (WWF)

 Principal ponto de aprendizagem:

- A nova tecnologia ampliou incrivelmente o alcance e capacidade dos acordos de patrocínio.

O WWF e a Nokia desenvolveram uma Intranet para ajudar o WWF a armazenar fotografias *on-line* de projetos atuais e espécies ameaçadas de extinção. Anteriormente, isso era feito em versão impressa e o WWF foi rápido em apontar as vantagens de ter um parceiro assim: "**Informações mais flexíveis, em tempo real direto do campo, interativas e mais eficazes ... e também mais barato!**"
Graham Minton, diretor de Responsabilidade Corporativa do WWF

Pontos de ação
- Analise atentamente como sua organização usa a tecnologia da informação (TI) ou como ela poderia usar um pacote aprimorado de *software* ou *hardware*.
- Procure oportunidades únicas e atrativas que seriam interessantes para uma empresa de TI que deseja mostrar seus produtos.

Outro bom exemplo são as empresas do segmento de TI que podem trazer quantidades inacreditáveis de valores para o orçamento dos detentores de direitos e também podem ajudar a melhorar os processos e eficiência internos. É por isso que empresas como HP, Intel e Dell e outras menos conhecidas do público como SAP e AMD têm sido patrocinadoras das corridas de Fórmula Um. Elas têm ajudado as equipes com tecnologia e competências (e também têm a vantagem de proporcionar um ambiente estimulante para desenvolver suas pessoas e equipamentos em prazos de entrega excepcionalmente curtos).

Continua na página seguinte ...

De fato, o valor em espécie pode trazer inúmeros benefícios visto que a maioria das empresas patrocinadoras tem uma variedade fantástica interna de recursos humanos e competências especializadas, que, se contratados no mercado, poderiam custar muito. Há nessas organizações bons profissionais de recursos humanos, logística, contabilidade e administração. Estar aberto a este tipo de apoio pode facilitar a eventual negociação de uma transação, além de comunicar ao potencial patrocinador que você entende o benefício para eles de ter seus produtos expostos em um cenário desejável e encontrar formas de recompensar seus funcionários.

Marketing em espécie

O *marketing* em espécie aproveita os ativos muitas vezes consideráveis de *marketing* e de comunicação de propriedade dos patrocinadores, que podem ser usados para reforçar as responsabilidades do detentor de direitos. Ele explora o novo conceito de patrocínio, que trata de ser uma plataforma, de envolver o consumidor, e enriquecer a experiência que os clientes do patrocinador podem ter. Os patrocinadores entram em um patrocínio porque ele lhes oferece algo que eles podem oferecer aos seus funcionários, clientes ou clientes em potencial.

Estudo de caso – Modelo de "Financiamento Inteligente" da Accenture

Principais pontos de aprendizagem

- Uma combinação de dinheiro e valor em espécie projetada para maximizar o valor no patrocínio e fornecer uma vitrine de negócios para a Accenture. Ela tem sido aplicada a relações como a Royal Yachting Association, a Scottish Opera e o National Theatre.
- Um modelo que agrada a Accenture, uma vez que ele desafia seus empregados a aplicar seus conhecimentos de negócios e gestão fora de suas áreas habituais, e também fornece à empresa uma plataforma de engajamento com funcionários e construção de um senso de orgulho.

Continua na página seguinte ...

- Um modelo que gera benefícios perceptíveis de negócio e dá à Accenture uma plataforma para discutir seus patrocínios e mostrar as organizações envolvidas com clientes, *prospects* e na mídia.

O modelo de **financiamento inteligente** da Accenture é uma combinação de dinheiro e valor em espécie que tem sido aplicado com sucesso em várias organizações no mundo do desporto e cultura que refletem os valores de inovação e alto desempenho relacionados à marca da empresa, incluindo o National Theatre, Scottish Opera, The Royal Shakespeare Company e o Royal Yachting Association.

A Accenture trabalha com tais organizações para identificar áreas onde elas precisam de ajuda, onde elas não têm as habilidades ou orçamento necessários para solucionar questões complexas, e depois fornece os conhecimentos necessários para criar uma solução viável. Este modelo também fornece à Accenture a oportunidade de mostrar seus conhecimentos especializados e dá aos seus funcionários projetos de trabalho complexos em campos em que eles talvez não costumem atuar. Isso é especialmente útil como uma plataforma para o engajamento e a motivação dos funcionários.

A ajuda da Accenture ao National Theatre vai além de questões monetárias, pois ela analisa e auxilia o National Theatre como uma instituição empresarial, tanto em termos de seu balanço e suas operações. A Accenture ajudou a otimizar o *site* e a estrutura de preços do National Theatre por meio da análise dos fluxos de demanda, permitindo que o teatro vendesse mais ingressos. A Accenture utilizou técnicas analíticas para esmiuçar os dados do público e com isso ajudou o teatro a ter um melhor entendimento de seu público e planejar-se melhor para o futuro. Ela também criou e instalou o *Big Wall* – uma grande tela interativa para apresentações visuais.

A Accenture também aplicou este modelo ao mundo da vela, especificamente ao Skandia Team GBR, o British Sailing Team e o Royal Yachting Association (RYA). Como ocorre com todas as instituições administrativas, o RYA estava passando por uma contínua imprevisibilidade em seus orçamentos por causa da oscilação no número de associados. Eles descobriram que as pessoas estavam se filiando ao RYA e, em seguida, saíam da associação, cerca de apenas um ano depois.

Continua na página seguinte ...

Eles queriam entender mais sobre a desistência dos associados, e a Accenture ajudou-os a analisar o problema e fornecer uma solução. O RYA está na vanguarda das competições de vela, concorrendo com equipes de ponta nos Jogos Olímpicos e no Skandia Team GBR. É essencial que cada atleta selecionado possa empregar seu tempo e recursos da melhor forma e se concentrar na vitória. A Accenture criou uma ferramenta de gestão de desempenho que permite que os treinadores e diretores de desempenho monitorem e meçam todos os aspectos do desempenho dos velejadores e ajudem-nos a se concentrar na vitória.

Para obter mais informações sobre a Accenture e sua abordagem para patrocínios no Reino Unido, visite http://www.accenture.com/Countries/UK/About_Accenture/Sponsorships

(Reproduzido com permissão da Accenture)

Estudo de caso – Deloitte Ignite

Principal ponto de aprendizagem:

- Uma parceria de cinco anos para ampliar o acesso à Royal Opera House (ROH) no valor de £ 1,75 milhão direcionada a jovens profissionais.

A Deloitte fez uma parceria com a ROH para desafiar as percepções tradicionais de ambas as partes e demonstrar inovação com o compromisso de ampliar o acesso às artes. A Deloitte foi abordada pela ROH, uma vez que recruta vários profissionais jovens e é um dos maiores empregadores no Reino Unido - o público principal para o Deloitte Ignite. Além de fornecer o financiamento, a Deloitte está ativamente envolvida com o festival e tem muitas partes diferentes do festival trabalhando em conjunto com a ROH – desde consultores e especialistas em tecnologia a funcionários voluntários - para aperfeiçoar o Deloitte Ignite ano após ano.

Continua na página seguinte ...

Ponto de ação:

- Procure em sua organização as áreas e oportunidades que o patrocinador pode ajudar a fortalecer. Isto ajuda-o diretamente e fornece ao patrocinador credenciais mais sólidas para seu envolvimento além do investimento em dinheiro.

(Reproduzido mediante permissão da Deloitte)

Estudo de caso – Quantum of Solace

Ponto de aprendizagem-chave:

- Este é um exemplo extremo e de grande visibilidade da nova tendência de patrocinadores ajudando com a promoção.

Um filme de James Bond é uma das propriedades mais bem patrocinados do mundo em termos do número de empresas que se envolvem, desde a Coca-Cola, Sony, e Microsoft até para fabricantes de automóveis como a Ford. Esses patrocinadores não estão lá para ajudar a Metro Goldwyn Mayer (MGM) a financiar a produção do filme, mas para fazer uma venda cruzada do filme e de sua participação e direitos de associação o mais amplamente possível. A MGM precisava convencer os distribuidores, lotar as salas de cinema, vender *merchandise*, DVDs e vídeos sob demanda, e o estúdio precisava de patrocinadores para contribuir com um enorme orçamento promocional. O que é impressionante é que essas empresas incorporaram seus produtos profundamente no filme e realmente apresentaram um argumento funcional sobre a marca. Por exemplo, a Ford sabia que as mulheres compram mais automóveis do que os homens e por isso a *Bond girl* dirige um pequeno Ford Ka ao invés de um Aston Martin. A Coca-Cola explorou seu alcance gigantesco fabricando garrafas da edição especial de Coca Zero e Zero 7.

Continua na página seguinte ...

> **Pontos de ação:**
>
> - Olhe para dentro de sua organização para ver se uma maior sensibilização seria útil ou se há algum público-alvo desejado que ainda não está sendo impactado.
> - Esteja preparado para negociar qualquer déficit em dinheiro por parte do patrocinador e tenha uma noção clara dos benefícios não monetários promocionais que você gostaria de receber do patrocinador.

⑦ Colocando nossa organização no contexto: como os patrocinadores nos veem?

Percepções sobre nós dentro do mercado potencial do patrocinador

Sempre incentivamos quem busca um patrocínio a se distanciar um pouco da situação e tentar descobrir que imagens e sentimentos, se houver, o mundo exterior tem de sua organização ou marca. Isto é importante porque o patrocínio é uma troca de atributos de imagem do evento ou propriedade patrocinada para o patrocinador. Se você não tem uma ideia clara dos atributos de sua própria imagem e de seus próprios valores, como isso pode ser vendidos mais tarde para um patrocinador? A chave é resumir o que você tem de **único** que o patrocinador não poderia obter em outro lugar.

Cinco minutos no Google, e, principalmente no Twitter (que é uma ótima maneira de ver a opinião das pessoas), podem ajudar a fornecer orientações sobre isso. Na verdade, é recomendável fazer este exercício de qualquer forma porque qualquer patrocinador, mesmo com um interesse moderado, fará exatamente a mesma coisa nos estágios iniciais de decidir se procura outra instituição ou não.

Identifique os públicos e as redes com as quais poderíamos permitir que um patrocinador se comunicasse

O patrocínio pode ser visto como uma apresentação feita para um determinado público, um certo grupo de pessoas associadas com a propriedade patrocinada. Temos que ser capazes de explicar em detalhe exatamente que tipo de pessoas estamos apresentando a eles a fim de estimular o patrocinador.

Seus públicos e as redes que foram construídas ao longo do tempo têm muito mais valor para os patrocinadores em potencial do que se costuma supor.

Quando foi perguntado a um grupo de patrocinadores nos EUA: "Qual das seguintes características você costuma analisar quando está tomando uma decisão de patrocínio?", a primeira resposta que surgiu foi a **demografia**.

O que os patrocinadores querem saber é "exatamente quem são essas pessoas que você está trazendo para mim?" Uma das coisas que pode ser feita nesta fase inicial do processo de patrocínio é a coleta de dados para descrever o seu público ou os fãs.

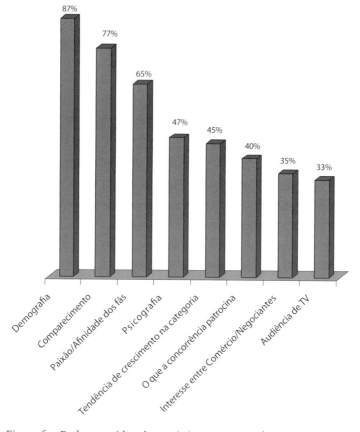

Figura 6.4 Dados considerados mais importantes pelos patrocinadores
(Reproduzido mediante permissão do IEG)

Mesmo um estudo simples com os espectadores, feito por você, pode gerar informações que mais tarde ajudarão a diferenciar uma proposta de seus concorrentes. Uma amostra de 200 indivíduos costuma ser considerada grande o bastante, e embora os preços variem conforme o país, ela pode ser comprada por cerca de £7.000 a £9.000. É claro que o estudo pode sair por menos se forem utilizados voluntários ou estudantes da universidade local.

Estudo de caso – Federação Internacional de Motociclismo (FIM) Campeonatos Mundiais de Motocross

Um exemplo do tipo de dados que podem ser produzidos a partir de uma pesquisa rápida com os espectadores é o dos dados que o Mundial de Motocross em 2006. Os organizadores conseguiram comprovar que **67%** dos seus fãs na pista tinham entre 15 e 39 anos, **80%** eram do sexo masculino e **87%** deles "certamente" ou "possivelmente" compraria marcas que patrocinam aquele esporte.

Não só isso, mas a Youthstream, agência que comercializa a série, preparou dados interessantes para futuras propostas de patrocínio, dando informações não apenas sobre quem são os fãs, em termos de **sexo** e **idade**, mas, por exemplo:

- Quantas vezes por ano eles compram um telefone celular?
- Quantas vezes eles viajam de férias?
- Eles comprariam produtos de um patrocinador se ele patrocinasse esta atividade?
- Que tipos de empresas seriam patrocinadores adequados?

(Com permissão da Youthstream)

Comparação da melhor prática entre concorrentes e melhor prática internacional

As experiências de instituições ou eventos similares que você talvez considere como concorrência muitas vezes contêm algumas lições valiosas e não devem ser desperdiçadas. As áreas a serem examinadas durante este processo de colocar a própria casa em ordem são apresentadas na Tabela 6.3.

Tabela 6.3 Concorrentes e ação

Concorrentes	Ação
Quem são nossos concorrentes?	• Se um patrocinador está avaliando sua empresa, é possível que ele esteja analisando outras oportunidades similares. Procure ter um conhecimento do mercado tão bom ou melhor do que o de qualquer outro *prospect*.
Eles têm patrocinadores?	• O que eles oferecem? Podemos copiá-lo e aprimorá-lo?
	• Por quanto tempo eles mantêm seus patrocinadores?
	• Os patrocinadores deles seriam bons para nós?
Como e quando eles conseguiram patrocinadores?	• Isto não é fácil de descobrir, mas vale a pena tentar, visto que a mesma abordagem poderia ser refinada e aperfeiçoada para o seu benefício.
Como é a taxa de retenção deles?	• Alguns recursos especializados, como o The World Sponsorship Monitor (TWSM) publicado pela IFM Sports Marketing Surveys, pode ajudá-lo em suas pesquisas. Uma forma simples é consultar os materiais de seus concorrentes disponíveis *on-line* de alguns anos antes para verificar se há um padrão no seu conjunto de patrocinadores
Com que frequência eles fazem uma manutenção deles?	• Muitas vezes é difícil discernir a resposta do lado de fora, mas vale a pena investigar junto aos contatos que você encontrar.
Quanto eles pagaram?	• Um dos maiores desafios em patrocínio é entender o quanto os patrocinadores estão pagando por direitos semelhantes.
	• O patrocínio é um mercado muito pouco transparente e as informações sobre preços são difíceis de serem divulgadas e são, em geral, altamente confidenciais.
	• Existem algumas fontes como o TWSM ou agências voltadas para o mercado, e se você tiver sorte, pode encontrar algumas informações *on-line*.

Insights e necessidades do patrocinador moderno

Estamos começando a considerar como a nossa estratégia deve levar em conta as necessidades do patrocinador, e qualquer *insight* sobre o que os patrocinadores modernos esperam são muito valiosos nesta fase para criar condições de inserção de recursos atraentes em sua proposta. Todos os dias em nosso trabalho vemos as tendências delineadas, e estar ciente delas vai ajudá-lo a adaptar sua estratégia ao mercado de patrocínio moderno. Vamos ver como despertar o interesse dos patrocinadores para oferecer oportunidades de mentoria que recompensem os funcionários de valor, o novo interesse em patrocínio popular ou da comunidade e, por fim, o desejo do patrocínio de fornecer **"experiências especiais que o dinheiro não pode comprar"** para clientes, funcionários ou potenciais clientes.

A ascensão da mentoria

Mentoria normalmente significa a oportunidade dos funcionários de uma empresa explicarem e passarem suas habilidades para uma outra organização. A prática está ganhando uma importância crescente, especialmente com a mudança do equilíbrio entre remuneração em dinheiro e aquela em espécie. As empresas percebem um valor extraordinário em dar algo de volta para seus funcionários em termos de criação de experiências diferentes e estimulantes. Elas fazem isso para:

- estimular talentos profissionais, colocando-os em novos ambientes;
- evitar o tédio e a debandada de pessoas;
- promover o senso de orgulho sobre a empresa;
- demonstrar a boa cidadania corporativa e valores da marca;
- construir um diferencial e atrair candidatos;
- compensar a incapacidade de oferecer aumentos salariais significativos.

A Unesco é um bom exemplo de uma instituição que desfruta de grande assistência de seu universo de patrocinadores, que é muito amplo. Ela é capaz de acionar advogados, especialistas em ajuda humanitária, e especialistas em logística que literalmente custariam uma fortuna, se fossem remunerados.

O HSBC, que é um patrocinador de ponta global, teve um projeto chamado Investindo na Natureza, uma parceria com o WWF, Botanic Gardens Conservation International (BGCI) e Earthwatch, onde 2.000 funcionários do HSBC trabalhavam em projetos vitais de pesquisa sobre conservação em todo o mundo. Em troca, eles passavam seus conhecimentos para seus colegas e realizaram um projeto ambiental local, relacionando sua experiência no campo com seu ambiente local e seu papel nas próprias comunidades e no trabalho. Embora à primeira vista possa parecer que essa não é uma parceria muito natural entre um grande banco global e essas ONGs de prestígio, ambos os lados têm trabalhado juntos com incrível sucesso por um bom tempo, e em 2007 o projeto levou o HSBC à Parceria do Clima com o The Climate Group, Earthwatch, Smithsonian Tropical Research Institute (STRI) e WWF. Os funcionários desenvolveram competências-chave, como liderança e trabalho em equipe, com efeitos positivos na retenção de pessoal, motivação e recrutamento.

Patrocínio de base

Outra tendência que estamos vendo é a dos patrocinadores tentarem ser relevantes para as comunidades locais. A maioria dos patrocínios de elite nos principais clubes de futebol ou Jogos Olímpicos, por exemplo, agora quase sempre tem em sua essência algum elemento de base ou comunitário. Nas áreas não esportivas, alguns exemplos que receberem prêmios de patrocínio recentes foram a British Telecom (BT) no Reino Unido, que conquistou comunidades locais dando-lhes acesso à banda larga pela primeira vez, e a Turkcell da Turquia, que ajudou jovens mulheres da zona rural a se adaptar a uma sociedade em transformação e modernização. O McDonald's faz isso de forma muito eficaz, como veremos a seguir.

 Estudo de Caso – McDonald´s e a Instituição de Caridade Voluntária "V"

 Principais pontos de aprendizagem:

- A maioria das marcas, mesmo nomes globais, também tem raízes locais e comunidades que precisam nutrir.
- Procure inserir ou aprimorar maneiras pelas quais um patrocinador pode usá-lo para se envolver com uma comunidade local que eles precisam sensibilizar.

O McDonald's é uma das marcas verdadeiramente globais, mas é também uma empresa local em quase todas as cidades ao redor do mundo. Portanto, para eles faz sentido ter uma relação em nível de base. Além de ser um patrocinador da Copa do Mundo da FIFA e Parceiro da Comunidade The FA, eles trabalharam junto da instituição "V" para resolver uma situação que afeta muitos de seus clientes: a falta de treinadores de qualidade estava afetando a vontade de seus filhos para querer jogar futebol.

Continua na página seguinte ...

> O projeto oferece oportunidades de liderança e de voluntariado por meio do futebol. Além disso, trabalhando ao lado do The FA, o McDonald's conseguiu recrutar pelo menos 900 jovens voluntários, com idades entre 16 e 25 anos, para darem pelo menos um ano de treinamento voluntário de futebol. A iniciativa foi apoiada por 43 festivais de futebol do McDonald's em toda a Inglaterra e por doações de mais de £2 milhões em *kits* e equipamentos. O McDonald's uniu sua atividade de futebol de elite e de comunidade, e também rebateu os argumentos sobre a relação entre *fast-food* e obesidade, provando que a empresa estava criando condições para que os jovens fizessem mais exercício físico. Por último, ele ganhou credibilidade ao usar jogadores de futebol conhecidos para apoiar o programa.
>
> *(Reproduzido com permissão do McDonald's)*

Experiências que "o dinheiro não pode comprar"

Na **"economia de experiência"**, o grande poder do patrocínio é a capacidade de criar experiências **únicas** altamente valorizadas ao alavancar ativos com imaginação, como foi feito nos três estudos de caso a seguir.

> **Estudo de Caso – Patrocínio da Copa FedEx de Rugby - FedEx Dream Day Rugby**
>
> **Principais pontos de aprendizagem:**
>
> - Na fase de definição de estratégia, tente identificar o que o patrocinador pode obter apenas de você e que pode ser usado para alavancar o programa de patrocínio.
> - As empresas estão à procura de uma experiência única que "o dinheiro não pode comprar" para seus clientes que alavanque o investimento em patrocínio.
>
> *Continua na página seguinte ...*

A FedEx é uma patrocinadora da Copa Europeia de Rugby. O FedEx Rugby Dream Day é um jogo *on-line* que envolve os fãs de *rugby* e oferece um prêmio exclusivo ao vencedor - a oportunidade de levar o troféu da Copa Heineken do campo até o pódio da vitória na frente de 80.000 fãs. Isto, juntamente com a hospitalidade VIP para a final, a entrega de duas camisas da equipe autografadas e a publicação de um perfil pessoal de página inteira no programa do último dia de jogo faz com que o vencedor realmente tenha uma experiência única que o dinheiro não pode comprar.

(Reproduzido com permissão da FedEx)

Estudo de Caso – Telecom, Adidas e a equipe All Blacks da Nova Zelândia

Principais pontos de aprendizagem:

- Dois patrocinadores da lendária equipe de *rugby* da Nova Zelândia foram muito bem-sucedidos no entendimento de que a compra do patrocínio lhes permite criar experiências que "o dinheiro não pode comprar" para seus clientes.

A Telecom da Nova Zelândia realmente tirou o máximo proveito de seu patrocínio da lendária equipe lendária de *rugby* All Blacks, e ao fazê-lo deixou claro que o fã estava no centro da experiência e do conjunto de direitos que a empresa tinha adquirido. A principal campanha do All Blacks chama-se *BackingBlack*. *BackingBlack* é um clube de torcedores do All Blacks viabilizado pela Telecom, e que tem por objetivo unir os fãs e conectá-los à equipe – seja virtualmente pelo *site* backingblack.co.nz, fisicamente com experiências que o dinheiro não pode comprar, ou por sorteios de ingressos para os jogos do All Blacks. Imagine o poder que a experiência de todos os jogadores do All Blacks ligando para os associados para dizer-lhes que eles ganharam ingressos para os jogos, e um dos vencedores indo a Paris assistir ao jogo da equipe na França. Os jogadores estão disponíveis para participar de eventos como preparar um almoço com os fãs, e a cobertura destes eventos é alavancada pela televisão, por fontes impressas e *on-line* como o YouTube.

(Reproduzido com permissão da Telecom da Nova Zelândia)

Estudo de Caso – Carling e a *Cold Beer Amnesty* em Festivais de Música

 Principais pontos de aprendizagem:

- Os publicitários que trabalham com cerveja têm que superar a forte lealdade à marca baseada em envolvimento emocional, em vez de os diferenciais do produto, para incentivar os consumidores a trocar de marca.
- A Carling baseou sua ativação no patrocínio de festivais de música demonstrando uma percepção genuína para um problema, oferecendo uma solução que agregava valor real para a experiência dos consumidores em festivais.

À medida que os músicos veem suas receitas com gravações diminuir, tem havido um crescimento na música ao vivo com um público indo em peso a festivais e locais de apresentação em todo o mundo. Durante as duas últimas décadas, esta área tornou-se tão atraente para as marcas que querem se conectar com os consumidores através do esporte, pois este oferece o mesmo benefício do acesso a fãs ardorosos e comprometidos.

A marca de cerveja Carling é ativa no patrocínio esportivo e de música, e seus responsáveis sabem que a mudança de preferência da marca no mercado de cerveja é um dos maiores desafios no marketing, visto que as pessoas têm fortes sentimentos e lealdade às cervejas de sua preferência. Mas a recompensa por estimular os consumidores que trocam de marca é enorme, justamente por causa dessa lealdade.

A Carling tem estado na vanguarda do patrocínio de música na última década. Historicamente, eles têm sido os patrocinadores de destaque dos festivais de Reading e Leeds, das Carling Academies e, mais recentemente, são a cerveja oficial do Isle of Wight Festival, V Festival e Rockness. Contudo, como o mercado se tornou mais saturado com muitas marcas concorrendo para se destacar, uma associação simples com a música não era suficiente. Eles tinham que ser mais criativos na forma como se comunicavam com os consumidores, dando um benefício tangível para seu papel em festivais que fornecesse credibilidade à sua associação.

Continua na página seguinte ...

Então a Carling - através da agência de experiências Cake - aplicou seus conhecimentos na área de festivais a fim de analisar os problemas que os frequentadores dos festivais vivenciam quando estão no local. Em seguida, eles procuraram fornecer uma solução que traria um benefício real para os frequentadores do festival.

O problema com festivais de música é que você traz sua cerveja do supermercado local, e 24 horas dentro de uma barraca quente e abafada fazem a cerveja aquecer e ficar intragável. A melhor maneira de beber cerveja é **geladíssima**. Então, para fornecer a melhor experiência possível na hora de beber cerveja, a Cake propôs uma ideia perspicaz chamada *Cold Beer Amnesty* ("Anistia da cerveja gelada"). Nos festivais de Isle of Wight, V Festival e RockNess, os frequentadores podiam trazer sua cerveja quente e trocá-la por uma lata de Carling gelada. Esta estratégia aborda a fidelidade à marca, mas de uma forma sutil. Ela diz o seguinte: "**Nós lhe perdoamos por beber outras marcas e estamos aqui para ajudá-lo e agregar valor à sua experiência no festival**". Este é exatamente o tom que deve ser adotado por todos os patrocínios de sucesso.

Ponto de Ação – Procure oportunidades semelhantes dentro do seu próprio acervo, onde o patrocinador pode agregar valor para seus fãs e para o evento, ao mesmo tempo, atingir os seus objetivos de marketing.

(Reproduzido com permissão da Carling)

 ## Principais lições

- O que você está vendendo não é patrocínio. Você está vendendo uma ferramenta para o patrocinador realizar seus objetivos de marketing.
- Os patrocinadores modernos percorreram um longo caminho e foram além da simples compra de exposição da logomarca.
- Você precisa cavar fundo para encontrar ativos que permitirão que os patrocinadores se conectem direta e genuinamente com as pessoas que você trouxer para eles, e você precisa saber tudo sobre esses grupos.
- Na fase inicial da estratégia, não se esqueça do valor adquirido que você tem de patrocinadores anteriores ou atuais, e de sua imagem ou valores.

- Esteja ciente das desvantagens do patrocínio e tome providências para que todos dentro de sua organização tenham dado sua opinião, entenderam a estratégia que foi explicada e se sintam confortáveis em sair a campo para atrair patrocinadores.
- Olhe à sua volta para ver onde você pode encontrar ativos atraentes para a nova geração de patrocinadores, tais como oportunidades para o engajamento dos funcionários, mentoria ou oferta de um acesso direto a uma comunidade local.
- As empresas podem trazer muito mais do que apenas dinheiro. Olhe ao redor para ver onde você poderia se beneficiar de conhecimentos e recursos de marketing, promoção, consultoria, TI e outros bens e serviços.

Resumo

- Uma boa preparação e estratégias de patrocínio conduzem a vendas mais bem sucedidas, patrocinadores mais felizes e economia de tempo e dinheiro no momento de renovação desses patrocinadores.
- Você irá se beneficiar por trabalhar em um ambiente mais harmonioso, que dê mais apoio ao patrocínio e tenha com uma compreensão clara dos objetivos de patrocínio e dos benefícios desejados que servirão como garantia contra tensões internas, tanto agora como dali a alguns anos.
- O próximo capítulo, Preparação Essencial para Vendas, irá ajudá-lo a expandir seus conhecimentos a partir desta base sólida quanto montar sua hierarquia de patrocinador, os pacotes de benefícios, a estrutura de preços, e tudo que você precisa quando chegar à fase de venda.

CAPÍTULO 7

PREPARAÇÃO ESSENCIAL PARA VENDAS

 **Visão Geral**

Este capítulo baseia-se no Capítulo 6, que tratou de estratégias de patrocínio e da definição de um curso de ação adequado que alimentará o restante do processo. Saber o que é esperado do patrocínio como uma organização contribuirá para fechar a venda ou para atualizar o processo de vendas, caso seja necessário.

O principal argumento aqui é que uma boa preparação faz uma enorme diferença para aumentar as suas chances de se destacar da multidão de propostas de patrocínio.

Este capítulo abrange os seguintes assuntos:

- Entrar em uma predisposição adequada para olhar para si mesmo a partir do ponto de vista do patrocinador.
- Uma **ferramenta de verificação de ativos**, que lista alguns dos ativos que podem ser encontrados e algumas dicas sobre onde encontrar outros ativos que talvez não estivessem tão óbvios.
- Como avaliar esses ativos: quanto vale o seu patrocínio?
- Como definir o preço do que você está oferecendo ao mercado.
- Aconselhamento sobre como construir a hierarquia de direitos e benefícios que estão sendo oferecidos aos patrocinadores, e como fazê-la funcionar para você e, em última análise, para seus patrocinadores.

- O que um nome comunica? Título e apresentação de patrocínios.
- Novas tendências que você deve conhecer ao se preparar para vender.

Olhe para si a partir do ponto de vista do patrocinador

No Capítulo 1, mencionamos que o patrocínio é definido pela Câmara de Comércio Internacional como um acordo comercial. Todos concordam que um patrocínio é uma atividade comercial para benefício mútuo, mas o que isso significa na realidade? Significa que o que você está vendendo para um patrocinador não é um patrocínio; não é o seu evento ou paixão que é interessante por si só, posto que o patrocinador vai vê-lo apenas como uma ferramenta para si. Quando os responsáveis por tomar uma decisão de patrocinar uma empresa analisarem sua proposta, eles vão se perguntar:

- O que eles podem fazer com isso?
- Como é que isso vai ajudá-los a fazer o seu trabalho?
- Como é que o patrocínio contribui para o que essa marca está tentando fazer?

Destacar que o patrocício é uma ferramenta de marketing não é para ser uma afirmação pejorativa e nem quer dizer que você será maltratado. Esta é simplesmente a visão que o patrocinador vai ter. É por isso que este capítulo ajuda-o a tentar olhar para seus ativos a partir do ponto de vista do patrocinador. Se alguém na sua organização possui algumas opiniões ultrapassadas sobre patrocínio, precisa entender que este evoluiu para muito além de colocar logomarcas e placas em locais visíveis, e talvez oferecer alguma hospitalidade e ingressos em troca de dinheiro. A ideia de que o patrocínio é algum tipo de doação porque você é merecedor não é mais válida. O patrocínio também não é um substituto barato para a publicidade. O patrocínio não pode ser comparado com a publicidade e, além disso, não é (na maioria dos casos, mas não em todos) bem mais barato quando comparado a uma compra de mídia.

- Se você tentar vender exposição ao patrocinador comparando-a com o custo de compra de mídia, você quase sempre vai perder.

- O patrocínio deve ser muito mais do que apenas uma forma de obter tempo de veiculação exposição.

O patrocínio tornou-se muito mais sofisticado e, em geral, os patrocinadores têm uma ideia bastante clara do que querem de você. O que está acontecendo agora reflete uma mudança mais profunda na sociedade, que defende que as marcas e empresas têm que realmente comunicar algum tipo de mensagem. Não se trata somente do produto que as pessoas compram, pois o produto e sua qualidade são hoje premissas mínimas para estarem no mercado. O que as pessoas esperam é que a empresa realmente defenda alguma mensagem, e que sua marca signifique algo. Como exemplo, marcas como Apple, Rolex, BMW ou Nike têm uma ligação quase emocional com os consumidores. É por isso que o patrocínio tem crescido muito, não apenas como uma alternativa à publicidade, e não apenas como algo que pode ser comprado pronto, mas sim algo que tem que contribuir para o que a empresa está tentando alcançar com a marca. As empresas estão agora trabalhando de forma integrada para comunicar sua marca, e isso abrange seus departamentos de RP, vendas e *marketing*.

- E cada vez mais o chapéu está sendo passado dentro da empresa para reunir a verba que pagará sua taxa de patrocínio.
- Isto é importante porque, mais tarde, ao lidar com patrocinadores, você estará lidando não com uma única pessoa ou departamento, mas com uma empresa como um todo. É por isso que é tão importante ter seus ativos organizados de forma a despertarem o interesse de mais de um departamento dentro de uma empresa.

 ## Organize seus ativos para despertar interesse

Em uma seção posterior deste livro, demonstraremos que uma boa preparação é absolutamente essencial na venda de patrocínio se você quiser se destacar da massa dos indivíduos que buscam patrocínio, especialmente quando fizer pesquisas sobre segmentos e marcas específicas para elaborar propostas personalizadas. Esta fase de pré-venda, quando você organiza o que tem para vender, exige uma preparação meticulosa, visando tornar a sua empresa mais atraente do que suas concorrentes. A dura verdade é que uma empresa como a Red Bull em somente um país pode receber 300 propostas de patrocínio por semana - ou 50 ou 60 por dia. Isso mostra o grau de interesse que você deve despertar em sua abordagem para ser notado.

A falta de preparação adequada é uma das principais razões para uma proposta ser rejeitada. Você precisa trabalhar internamente com muita dedicação nesta fase, para ter algo atraente e especial para vender.

Uma das coisas observadas sobre as pessoas bem-sucedidas em todas as esferas da vida é que, em geral, elas aparentemente investem uma grande quantidade de tempo que não é notado pelas outras pessoas para acertar todos os detalhes antes de irem a público. A citação de Abraham Lincoln que usamos no Capítulo 2 deste livro resume muito bem a abordagem que devemos ter em mente quando pensamos sobre a venda de patrocínio.

> "Se eu tivesse oito horas para derrubar uma árvore, eu passaria seis horas afiando meu machado. "

> Abraham Lincoln

Se o seu objetivo for elaborar propostas de alto nível que se destaquem da concorrência, agora é a hora de pensar com cuidado sobre o que poderia ser considerado de valor por um patrocinador. Neste capítulo, imagine que você reunirá todos os ingredientes em um armário de cozinha para poder começar a criar receitas para atender aos gostos individuais dessas empresas e marcas que foram identificadas na fase de investigação.

Prosseguindo com a analogia culinária, não acreditamos que alguém prepare um prato utilizando todos os ingredientes no armário da cozinha, imaginando que, como cada ingrediente por si só é bom, o prato resultante será saboroso. Patrocinadores diferentes têm gostos diferentes, e os ingredientes que podem ser mais proeminentes para alguns não podem ser exigidos para outros. Faz sentido realizar um levantamento de tudo o que você tem à disposição para garantir que você conheça os ingredientes e as combinações que possam atender às diferentes marcas e segmentos de produtos.

- Reúna todos os ingredientes na sua cozinha.
- Mas misture apenas os ingredientes certos para satisfazer o gosto de cada patrocinador em particular.

A próxima seção analisa os ativos de patrocínio que geralmente são vendidos como parte da maioria dos pacotes de patrocínio. Nem todos serão adequados

PREPARAÇÃO ESSENCIAL PARA VENDAS | 155

para você. Alguns deles podem ter coisas que você não têm, mas com sorte você terá alguns ativos que são exclusividade sua e, portanto, agregam valor. No entanto, a ideia é assegurar ao patrocinador que você considerou todas as possibilidades, e pode dar algumas ideias que talvez explorem algum valor além.

Ao parar para fazer uma reflexão sobre o patrocínio, o capítulo anterior o encorajou a fazer um inventário de ativos com base em três áreas de ativos muito amplas que beneficiam os patrocinadores, e é por isso que as pessoas compram patrocínio.

- Conexão com um grupo-alvo.
- Exposição.
- Transferência de imagem.

Lembre-se sempre do seu raciocínio preliminar enquanto reúne seus ativos.

A Tabela 7.1 apresenta uma coleção típica de alguns dos ativos que aparecem incluídos nas propostas de patrocínio que vemos todos os dias.

Tabela 7.1 Ferramenta de Verificação de Ativos

Exposição e cobertura de mídia	• Vista quase sempre nas propostas. Deve ser descrita, medida e maximizada da forma mais profissional, verdadeira e precisa possível. Lembre-se que muitas pessoas que lerão suas propostas respiram mídia como profissão, e descrições desajeitadas ou enganosas dos benefícios de mídia são muito comuns e extremamente irritantes.
	• Atualize sua lista de fontes de exposição (cartazes, Twitter, Facebook, *sites*, *folders* etc.) e procure encontrar números confiáveis sobre comparecimento e cobertura impressa, televisiva, on-line e de mídia.
Inclusão em todos os comunicados de imprensa e atividades de mídia	• Isso é um pressuposto básico, e uma gentileza mínima para com o patrocinador, mas um ativo de baixo valor pois a imprensa raramente dará cobertura para os patrocinadores do evento.
Campanha de relações públicas adaptada à mídia de interesse do patrocinador	• Isso é mais valioso e mostra indícios de se pensar sobre o segmento do patrocinador ou sobre a necessidade da marca de comunicar-se com mídias específicas e interagir com seu próprio público-alvo.

continua na página seguinte...

Tabela 7.1 (continuação)

Contatos com a mídia, amostragem para a mídia	• Às vezes as pessoas se esquecem que as propriedades, especialmente as propriedades de esportes e artes, costumam ter relações muito boas com os jornalistas. Isso não é possível com todas as marcas, mas ser capaz de explorar o relacionamento colocando um produto nas mãos da mídia e oferecendo amostragem é um benefício de peso. A mídia adora ser bem tratada!
Publicidade proposta	• Nem todas, mas muitas propriedades pagam por algum tipo de publicidade. Portanto, faz sentido oferecer o direito de recusa a um patrocinador em potencial ou atual e verificar se ele tem interesse em fazer parte dessa publicidade.
Promoções com ingressos/ brochura de eventos.	• Um benefício básico.
Direito de usar suas logomarcas	• A maioria dos eventos ou organizações tem uma logomarca, e dependendo de seu valor percebido e se você pode dar endossos, pode ser um benefício apropriado a ser oferecido.
Disponibilidade de palestrantes para eventos do patrocinador	• Um aspecto muito importante do patrocínio é que a música, artes e esportes são coisas que despertam o interesse genuíno das pessoas e, portanto, você tem uma reserva de indivíduos talentosos que podem ser oferecidos para participar de eventos dos patrocinadores.
Uso de propriedade/ local para eventos do patrocinador, relações com clientes, lançamentos de produtos etc.	• Algumas propriedades têm a sorte de ter algo de especial, como serem proprietárias de um estádio ou teatro, por exemplo. Este é um ativo que deve ser explorado por você e pelo patrocinador.
Acesso a listas de endereços e oportunidade de realizar promoções de sorteio com o banco de dados	• Às vezes, existem políticas de proteção de dados, mas é sempre interessante construir um banco de dados de fãs e torcedores, pois os patrocinadores querem ter a possibilidade de entrar em contato com um público de nicho ávido pela atividade em questão.
	• Competições ou ofertas que aproveitam este entusiasmo são ideais para a geração de banco de dados. Os adeptos de esportes são um dos poucos grupos no mundo que se mostram felizes por participar de pesquisas ou preencher formulários *on-line*!
Benefícios *business-to-business*	• Algo que não é feito com frequência suficiente é avaliar a oportunidade para os patrocinadores fazerem negócios com copatrocinadores em *workshops* ou outros tipos de trabalho feitos pelo detentor de direitos para ajudar a articular relacionamentos entre empresas e fazer sugestões quanto a maneiras em que eles poderiam se beneficiar mutuamente.

continua na página seguinte...

Tabela 7.1 (continuação)

Engajamento/ mentoria de funcionários	• Algo visto com muito mais frequência em patrocínio hoje é que as empresas estão buscando retribuir algo aos seus funcionários. Isto se aplica principalmente em épocas difíceis, quando as empresas estão à procura de prêmios não monetários.
	• Vale a pena pensar nisso durante o planejamento inicial de quais ativos você pode oferecer. Empresas como HSBC, Accenture, ou Deloitte procuram algo original para dar a seus funcionários como estímulo por usarem suas habilidades em um ambiente diferente.
Colocação de produtos	• Sempre procure formas para os patrocinadores integrarem de alguma forma seus produtos ou serviços no centro da ação que você está oferecendo.
	• Se isso for feito corretamente, agrega autenticidade e credibilidade que reforçarão o impacto do patrocínio.
Direitos de merchandising	• Algumas propriedades têm objetos como camisetas ou outras mercadorias e pode ser oferecida ao patrocinador a possibilidade de *co-branding*, ou algum tipo de licenciamento - ou a simples compra em grandes quantidades para distribuir os produtos como brinde.
Endosso de um patrocinador	• A aceitação do patrocínio pode ser vista como uma forma de endosso, mas isso pode ser formalizado por algum instrumento. Contudo, algumas propriedades, especialmente as instituições públicas ou financiadas com dinheiro público, podem ter regras que impeçam isso.
Fornecimento de conteúdos para o Web site do patrocinador e mídia social	• As empresas valorizam um bom conteúdo para seus sites e outros canais *on-line*. Você pode ter algo interessante e original que lhe permita oferecer algo que o patrocinador não teve a chance de obter antes.
Amostragem no local	• A amostragem é bastante simples e por este motivo é vista em várias propostas.
Inclusão de esforços por uma causa, relações com a comunidade, RSC	• Os últimos anos têm visto as empresas tentando se envolver em nível local através da construção de uma relação com uma cidade onde elas são um grande empregador, ou aproveitando sua política de responsabilidade social corporativa (RSC) para alcançar grupos como crianças, deficientes ou minorias.

continua na página seguinte...

Tabela 7.1 (continuação)

	• Lembre-se que os orçamentos de RSC costumam ser separados dos de patrocínio e, por isso, representam uma fonte tentadora de recursos. • No entanto, evite a armadilha de dizer "gaste dinheiro conosco e fique bem na foto". As pessoas preocupadas com a RSC dentro de uma empresa sabem que a RSC abrange a forma como uma empresa ganha dinheiro, e não apenas como ela gasta seu dinheiro.

❓ Quanto devemos cobrar pelo patrocínio?

Esta seção mostra como abordar uma das coisas mais difíceis no patrocínio, que é quanto cobrar por sua oferta.

A maioria das pessoas tem dificuldades para chegar ao preço certo, seja quando criam um pacote inédito ou atualizam uma oferta existente. Há várias maneiras usadas para estimar quanto vale um patrocínio:

- O orçamento do evento.
- Comparação com outros eventos.
- Realização de uma auditoria e avaliação adequada dos ativos.

O orçamento do evento

Vemos inúmeras propostas com muitas páginas detalhadas com o orçamento exato para o evento, incluindo itens como segurança, limpeza e contratação de geradores. Estas pessoas estão elaborando as propostas na esperança de que, por terem uma aparência confiável e organizada profissionalmente, o patrocinador ficará impressionado e vai equiparar os custos para o detentor de direitos com o valor entregue a eles? A verdade é que nenhum patrocinador se preocupa com o seu orçamento interno. Ele não acrescenta credibilidade alguma. O interesse principal do patrocinador é no valor que receberá de você como empresa ou marca.

 Comparação com outros eventos

Como avalia-se um patrocínio? Uma maneira é dar uma boa olhada no mercado, mas o problema é que o patrocínio é um mercado muito pouco transparente, e é um dos poucos mercados que a Internet ainda não abriu. O problema é o que os economistas chamam de informação assimétrica de preços. Isto significa que o comprador e o vendedor têm acesso a informações muito diferentes sobre o valor de um item. Geralmente, os patrocinadores têm uma percepção relativamente clara do quanto estão dispostos a pagar, mas os vendedores de patrocínio têm uma noção menos definida sobre isso.

Para tentar nivelar o jogo, existem algumas fontes de consulta na indústria, como a revista *The World Sponsorship Monitor (TWSM)* produzida pela IFM Sports Marketing Surveys, e ocasionalmente são publicadas notícias sobre quanto vale um patrocínio, especialmente um grande. Mas ainda é muito difícil obter informações, e não é como no mercado imobiliário, onde um corretor imobiliário pode afirmar: "Bem, uma casa na mesma rua foi vendida por US$ 400.000 recentemente e, portanto, o seu imóvel deve alcançar um preço semelhante." Mesmo assim, procure dar o melhor de si para conhecer o mercado.

 ### Realização de uma auditoria e avaliação adequada dos ativos

O caminho ideal para a maioria das propriedades é fazer uma auditoria adequada, de preferência independente, sobre o que está sendo oferecido. Isso é importante por três razões:

- Gera confiança dentro da organização do patrocinador que a soma a ser exigida é justificada (lembre-se que nas mentes da maioria dos vendedores tende a haver um sentimento que eles estão pedindo muito dinheiro, então se esse medo puder ser removido, as vendas devem aumentar).
- Quando se trata de falar com os patrocinadores, os negociadores profissionais costumam dizer que ter um ponto de referência ou uma avaliação independente feita por terceiros é uma maneira eficaz de conduzir e facilitar uma negociação. Mesmo que o seu patrocinador em potencial mostre ceticismo sobre a avaliação, ela ainda é um ponto de partida eficaz para explorar conjuntamente o valor do que está sendo oferecido.
- Isso mostra sua boa vontade para pensar sobre os benefícios propostos de forma analítica, e não com base na **intuição** ou **adivinhação pura** e **simples**.

Mas exatamente como se faz uma avaliação de uma propriedade de patrocínio? Na Figura 7.1 mostram-se as etapas do modelo de avaliação da Sponsorship Consulting.

Impactos

Consulte todas as possíveis fontes de exposição. Por exemplo, uma avaliação para uma exposição em uma galeria abrangeu:

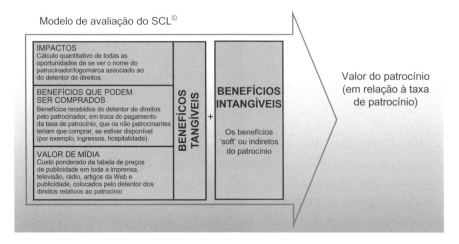

Figura 7.1 Modelo de avaliação da Sponsorship Consulting.

- **Sinalização** – Sinalização direcional (tamanho A4). *Banner* de entrada, sinalização nas galerias, guia dado como souvenir, mapa de bolso.
- **Impresso** – Guia em linguagem neutra (novo guia).
- **Jantar VIP** – Sinalização direcional, mapas de assentos à mesa, placas, placa com declaração do patrocinador, cartões de resposta ao convite.

Benefícios que podem ser comprados

São os itens que podem ser comprados por quem quiser fazê-lo e, portanto, têm um valor de mercado definido. No caso da galeria, isso incluiria:
- 1 x evento "a preço de custo" (até o valor de US$ 8,000);
- 100 x ingressos de cortesia para exposições temporárias do museu;
- 4 x oportunidades para *tours* nos bastidores;
- 2 x oportunidades para *tours* de manhã cedo com o diretor do Museu;
- finais de semana da família;
- 2 x oportunidades para engajar os funcionários em aprendizagem de adultos;
- 3 x oportunidades por ano para engajar uma escola parceira em um programa educacional;
- visitas guiadas para os VIPs da empresa.

Valor de mídia

No caso da galeria isso incluía a cobertura editorial na imprensa nacional e regional, publicidade paga na cidade no sistema municipal de transporte, e uma aparição na televisão no noticiário regional.

A maioria das avaliações no mundo comercial é baseada no valor futuro (geralmente receitas) provenientes do ativo em questão. No patrocínio, isso geralmente é feito com uma combinação de benefícios de mercado **tangíveis** equivalentes e benefícios **intangíveis**, como está estabelecido a seguir.

Elementos tangíveis (têm um valor monetário)

– Exposição de mídia:	Custo de publicidade equivalente
– Ingressos/ hospitalidade:	Custo alternativo de aquisição; escassez - *premium*
– Acesso ao banco de dados:	Listar os preços de compra
– Locais para reunião:	Aluguel de sala de conferências
– Embaixadores da marca:	Honorários de palestrantes-celebridade
– Amostragem:	Locações comerciais; custos de montagem de quiosques para *display*

Tangível significa qualquer coisa que você pode sair no mercado e comprar, e por isso é muito mais fácil encontrar os preços unitários. Por exemplo, a exposição na mídia pode ser comprada através do departamento de vendas de um canal de TV ou uma revista. Há um grande debate na área de patrocínio sobre a exposição na mídia ser considerada igual à publicidade, e contribuindo para o valor de um patrocínio. A maioria dos patrocinadores não dá muita importância para esse argumento. O McDonald 's, por exemplo, supostamente desconta-o com uma redução de até 90%, pois a exposição e conscientização não têm valor primordial para sua marca madura e onipresente.

No entanto, para efeitos de avaliação, e mesmo que o número possa ser descontado, é aconselhável calcular um valor tangível sobre o quanto é gerado de cobertura na mídia. A mesma coisa se aplica aos ingressos, mas este item é mais simples porque todos os ingressos têm um preço definido. Se você tiver condições de disponibilizar algum tipo de banco de dados, a capacidade de avaliá-lo pode ser obtida das tabelas de preço de publicidade de empresas especializadas nisso. A avaliação de um local é fácil, pois os preços de locação do espaço, sinalização dentro do local, conferências e eventos estão disponíveis *on-line*. Também existem tabelas de preços e honorários para palestrantes, marketing direto, amostragem e quiosques em eventos.

Algo que é um pouco **difícil** de fazer é tentar **avaliar os elementos intangíveis** após avaliar os tangíveis.

Elementos intangíveis (o valor é não financeiro)

– Atributos transferíveis da marca.
– Prestígio da propriedade.
– Qualidade da entrega.
– Conveniência da localização.
– Endosso de marca com credibilidade.
– Exclusividade da categoria.
– Força dos objetivos compartilhados.
– Oportunidades de *networking*.
– Exclusividade de acesso.
– Ambiente minimalista.
– Impacto sobre o recrutamento.
– Boa vontade política/ comunitária.

A **essência** do valor intangível é o **quanto vale a pena para uma empresa aumentar** seus atributos de marca em conjunto com os seus próprios?

- O que você está oferecendo?
- Qual é o elemento de prestígio?
- O que há de especial no que você está oferecendo?
- Que tipo de experiência um patrocinador terá e como isso vai beneficiar os clientes?
- O que há de diferente nisso?

Um benefício intangível que apareceu em pesquisas de opinião com patrocinadores na Europa e nos EUA é a valorização da exclusividade pelos patrocinadores. Como sempre, retorna-se para a mesma pergunta - você está oferecendo algo exclusivo? É algo que um patrocinador deveria comprar porque você é o único fornecedor?

Embora patrocinadores atuais ou anteriores possam aumentar a confiança do patrocinador, o valor dos copatrocinadores precisa ser equilibrado pelo fato de que isso poderá aumentar a confusão e a sensação generalizada que você está em um mercado lotado. A tendência agora é tentar organizar as ações, tendo o menor número possível de patrocinadores, mas uma relação muito mais profunda com cada um deles.

Outro fato que precisa ser considerado é que o patrocínio é uma ferramenta muito flexível. Ele nem sempre visa o aumento de vendas. Pode ser usado para atingir públicos como o de políticos, investidores, candidatos a funcionários na empresa, universidades e ONGs, e deve possibilitar a avaliação de quanto valor pode ser obtido a partir disso.

Fixação do preço

É importante ter estes tipos de números, e ao combiná-los é possível considerar a relação entre tangíveis e intangíveis.

- Uma taxa mínima em dinheiro com base no valor dos benefícios tangíveis oferecidos.
- Adicione uma quantia em reconhecimento dos intangíveis, benefício associado, entre outros; 25% de tangíveis é um bom ponto de partida para as marcas, 100% de tangíveis para os detentores de direitos – é por isso que é uma negociação!
- Crie um programa de bônus para a superação de níveis de serviço acordados, por exemplo,
  - Exposição da marca na cobertura de TV.
  - Número de menções sobre o patrocinador feitas pelas pessoas do detentor de direitos.
  - Metas de conscientização sobre a marca/ atributos da marca.
  - Coleta de novos registros para o banco de dados.

Uma maneira de apresentar a avaliação poderia ser dizendo: "Estes são os benefícios tangíveis, mas o que estamos oferecendo é o patrocínio, onde intangíveis como emoção e transferência de imagem são os principais condutores de valor. "É bom, no entanto, começar com os tangíveis porque eles são um benefício concreto e você pode demonstrar o rigor de sua análise e profissionalismo. Esta é uma boa maneira de começar a negociação, porque você tem um processo para percorrer. Costumamos perceber que os patrocinadores não concordam com o número de tangíveis e que o ponto de partida será diminuído. No entanto, pelo menos temos algo concreto para discutir, ao invés de apenas trocar opiniões subjetivas sobre qual é o verdadeiro valor.

O próximo passo é utilizar o valor tangível para chegar a um acordo sobre os intangíveis. A experiência mostra que as marcas e quem busca patrocinadores estimam que o percentual fique entre 25% e 100% dos tangíveis. A habilidade está em negociar uma resolução satisfatória entre os dois pontos de vista.

Compartilhamento dos riscos e recompensas

Quando se trata de negociações, durante esta fase de preparação de vendas recomenda-se planejar uma política sobre uma tendência que a recessão tem exagerado. Os vendedores pressionados têm viabilizado a concretização de negociações por meio da partilha dos riscos e recompensas. Isto é geralmente mais visto com benefícios como a exposição. Isso vale principalmente para as equipes esportivas. Por exemplo, se um time de futebol vai ser promovido para a primeira divisão, isso normalmente significa que o valor subiria consideravelmente. Mesmo para propriedades muito menores, é possível dizer: "Se tivermos um sucesso além do previsto, você estaria disposto a fazer um pagamento para nos recompensar pelos benefícios que trouxermos para ambos os lados?" Às vezes, isso pode ser medido por coisas como a freqüência de menção verbal a um patrocinador, ou talvez esteja relacionado com pesquisas sobre conscientização, ou, em métricas mais tangíveis, pode ser o número de registros de novos clientes que tenham sido transferidos.

Criação de uma hierarquia de patrocinador

A criação de uma estrutura a ser proposta aos patrocinadores – e que também funcione para você – é outra área capciosa no patrocínio. Todos, desde os megaeventos globais até os eventos de uma comunidade, têm dificuldade com isso, e uma boa preparação nesta fase pode evitar vários problemas mais tarde.

Talvez você tenha um novo evento ou talvez você nunca tenha tido patrocinadores antes – ou apenas pequenos patrocinadores que você herdou e está se perguntando como inseri-los em uma estrutura atualizada? Em todos os casos as principais questões são:

- A necessidade de preparar exatamente quais são os principais direitos para o **patrocinador principal**, **patrocinador oficial**, **fornecedor oficial** etc.
- O evento ficará "confuso" com outros patrocinadores?
- Exclusividade de categoria para os patrocinadores. Isso é algo que pode ser oferecido?

Nesta fase de preparação, é aconselhável pensar exatamente quais são os benefícios para as camadas individuais de patrocinadores e como eles podem se destacar na "confusão". Uma maneira de solucionar o problema é desafiar um dos maiores clichês em patrocínio ...

- **Evite os pacotes Ouro, Prata e Bronze!**

Os patrocinadores veem tantas destas ofertas que a chamam de **"fadiga do metal precioso"** e Boutros Boutros, vice-presidente sênior da divisão de Comunicação Corporativa da Emirates, colocou muito bem a questão em 2010. Apesar de talvez não estar se referindo diretamente à fadiga do metal precioso, ele comprovou a necessidade de comunicar por que o patrocinador está lá:

> "Como patrocinador, eu não fico satisfeito com tais ofertas, porque minha intenção final é me destacar e dar o meu recado. No entanto, ver minha logomarca junto com outras 50 logomarcas de empresas não contribui para a minha estratégia de distinguir o nome da minha marca. "

Aceitamos a argumentação que às vezes é feita sobre o patrocínio Ouro ou Prata, que mostra que um patrocinador está no nível mais alto de prestígio, mas Ouro, Prata, Bronze **não vão ajudá-lo a se destacar** e **tornarão sua vida mais difícil**. Mesmo se você evitar aborrecer ou irritar o patrocinador em potencial para conseguir que ele examine os pacotes, os patrocinadores modernos não negociam os níveis de pacote que foram definidos com antecedência. Eles vão escolher o melhor, pegando os ativos que lhes interessam. Pior ainda, eles entrarão no nível mais baixo e gastarão o dinheiro economizado na ativação do patrocínio, a fim de obter mais valor e destaque - talvez mais do que alguns de seus outros patrocinadores que estão pagando mais.

Pedimos desculpas a quem ainda esteja usando "metais preciosos", mas temos a intenção de ajudá-lo a encontrar uma estrutura real que seja lógica e clara. A solução é usar títulos descritivos com definições exatas para os patrocinadores - como patrocinador principal, patrocinador oficial e fornecedor oficial, entre outros.

 Um bom exemplo vem da Copa do Mundo da FIFA:

- Parceiro FIFA (patrocinadores associados com a FIFA em nível mundial por um longo período).
- Patrocinador da Copa do Mundo da FIFA (patrocinadores associados com a FIFA em nível mundial durante uma Copa do Mundo).
- Apoiador nacional (patrocinadores associados com a FIFA em nível nacional durante uma Copa do Mundo).

A Figura 7.2 mostra um exemplo de um evento e informa exatamente o que cada um terá. Se olharmos para o **nível um**, o dos patrocinadores oficiais, este título permite que você diga aos patrocinadores: "Você terá exclusividade, você será o único patrocinador de refrigerantes." O título reconhece também que os benefícios que um patrocinador de refrigerantes quer, como amostragem ou exposição, são muito diferentes dos benefícios desejados por um banco, por exemplo, que desejará geração de negócios e hospitalidade. Não é uma questão de oferecer a mesma coisa para todos, mas sim de adaptar a oferta para cada segmento específico. Também vale a pena imitar a ideia de dar aos principais patrocinadores a **"propriedade"** de um subevento ou atividade. Isto lhes dá uma segunda frente para alavancar o seu patrocínio e atingir o seu público alvo. Por exemplo, eles podem ter uma presença *on-line* exclusiva, talvez um *lounge* no evento, ou oferecer uma área de recreação para crianças. Outro exemplo seria patrocinar um prêmio especial dentro de um festival de cinema.

Figura 7.2 Segmentação dos direitos

O reconhecimento das necessidades diferentes de, digamos, um patrocinador oficial e um patrocinador local evita um problema comumente enfrentado na criação de pacotes de patrocínio. Muitos de nós nos vemos rediscutindo o mesmo conjunto de benefícios, tentando desesperadamente manter o primeiro nível com um pacote nitidamente superior sem retirar qualquer valor residual dos níveis mais baixos. É por isso que muitas vezes você constata que os níveis Prata e Bronze são praticamente cópias do nível Ouro, e há pouca diferenciação entre os diversos níveis.

Algumas pessoas nos dizem: "Bem, isso é bom para um grande evento, mas o nosso é tão pequeno que isso não daria certo para nós." No entanto, esta abordagem produz benefícios reais quando reduzida para propriedades menores. Não só isso, mas lembre-se que os eventos menores têm algumas vantagens sobre os maiores, incluindo:

- Menos patrocinadores, mais conexão, relacionamentos mais próximos, mais criatividade.
- Menos patrocinadores exigem menos tempo e dinheiro gastos para cuidar deles. Seu relacionamento permitirá que você se aproxime deles

e, com isso, talvez tenha um relacionamento melhor com espaço para ideias criativas surgindo de ambos os lados.

- Os eventos de pequeno porte podem conferir ao patrocinador os benefícios da emoção intensa e entusiasmo dos fãs. De acordo com as pesquisas de marketing Esportivo da IFM sobre o rastreador de marca Sponsatrak, no Reino Unido, 14% dos fãs de esportes concordaram com a afirmação: "**Estou mais inclinado a comprar um produto de uma empresa que patrocina do que de uma que não o faz**". Isso talvez possa não parecer muito significativo, mas o Santo Graal do *marketing* é mudar a propensão de uma pessoa para comprar. Logo, se você conseguir que 14% de um pequeno grupo de pessoas compre ou troque de marca, existem alguns benefícios comerciais imediatos.

- Por fim, acredita-se que ao criarmos pacotes muito bem estruturados, e tentar defender o sistema que você construiu, você também deve reconhecer a realidade das coisas e ser bastante flexível. A receita é ter rigor em sua preparação de vendas e saber exatamente o que você tem, para dar aos patrocinadores o que eles querem.

Prepare-se para lidar com o benefício em espécie

Analisamos o benefício em espécie (BIK, em inglês) e marketing em espécie (MIK, em inglês) no Capítulo 6 e muitos detentores de direitos usam uma combinação de benefício em espécie para compensar o valor a ser pago em dinheiro, especialmente agora que os orçamentos estão muito mais apertados. A prática pode ser altamente eficaz, mas antes de vender, aqui estão algumas advertências gerais:

- Só aceite marketing em espécie ou especialmente benefício em espécie se for algo que irá aliviar uma rubrica de despesa que já estiver no orçamento.

- Não faça isso porque você falou com um patrocinador que ofereceu um produto ou serviço que você realmente não precisa, mas que você não quer rejeitar o patrocinador.

- Isto irá aumentar seus custos de manutenção do patrocinador, contribuir para a confusão e desvalorizar a área para todos.

Patrocínios oficiais e de apresentação

Foi dito anteriormente que um patrocinador de alto nível deve ter reconhecidamente o melhor pacote. Se você é capaz de oferecer o destaque de sua propriedade ou evento, não há dúvida de que isso pode ser uma grande vantagem e incentivo. Um patrocinador oficial pode ter algumas vantagens significativas no fornecimento de uma quantidade considerável de receitas e redução nos seus custos na manutenção de múltiplos patrocínios, mas também pode trazer alguns desafios bastante complexos.

No entanto, os patrocinadores oficiais precisam ter um pacote claramente mais poderoso do que qualquer outro. Por isso, pode ser que os outros patrocinadores fiquem em um nível inferior porque o patrocinador oficial consumirá parte de seu oxigênio.

 Estudo de Caso – Maruti e a Copa do Mundo de *Cricket* de 2007

 Principais pontos de aprendizagem:

- O *cricket* é um esporte de enorme popularidade na Índia e quantias exorbitantes de dinheiro geralmente são pagas por seus patrocinadores. Muitos ficaram surpresos, no entanto, quando a montadora indiana Maruti fechou um patrocínio de um milhão de dólares para apoiar o *site* cricketworldcup.com da Copa do Mundo de *Cricket*. A Maruti aparentemente queria estabelecer uma relação entre a maneira moderna de alta tecnologia para consumir *cricket* com a modernidade de seus carros, mas o montante pago foi sem dúvida enorme para apenas um ativo.
- Por essa quantia, a Maruti acabou levando "a maioria dos imóveis" no *site*, de acordo com um relatório disponível em: http://www.indiantelevision.com/mam/headlines/y2k7/feb/febmam88.htm
- A agência que vendia espaço no *site* teve de mudar a estrutura dos pacotes de patrocínio remanescentes do patrocinador anterior apresentando o patrocinado e quatro patrocinadores associados, pois havia um estoque muito inferior disponível para outros potenciais parceiros.

No entanto, a maior objeção ao patrocínio oficial está em dissipar sua própria marca e identidade por trás do nome do patrocinador. Alguns eventos são marcas suficientemente fortes e acreditam que um patrocinador vai desvalorizar o patrimônio construído naquele nome. Mesmo para eventos menos consolidados, antes de entrar no mercado é importante ponderar que ele pode tirar a sua capacidade de desenvolver sua propriedade como uma marca e seu conjunto de direitos ao longo do tempo. Os outros podem acreditar que o patrocinador vai saturar a atividade ou diluir suas ambições com outros patrocinadores.

Isso está sendo visto cada vez mais, e mostramos a seguir por que um grande evento de golfe recentemente decidiu abandonar os patrocinadores oficiais por completo.

 Estudo de Caso – Um campeonato nacional de golfe

 Principais pontos de aprendizagem:

- A existência de um patrocinador oficial anteriormente.
- Olhar para outros eventos de prestígio e decidir seguir sua política de não oferecer o patrocínio oficial.
- Em seguida, estabelecer uma estrutura descritiva de patrocínio – parceiro orgulhoso, patrocinador oficial e fornecedor oficial.

Apresentação do patrocínio

- Outra consideração no seu planejamento é a idéia do **patrocínio apresentador**, uma grande estratégia para manter o patrimônio no nome do seu próprio evento.

Isto é visto muito mais nos EUA do que na Europa, mas é uma solução muito elegante para manter o nome do seu evento. Os campeonatos Indianapolis Tennis apresentados pela Lilly ou o Dextro Energy Triathlon London apresentado pela Tata Steel são bons exemplos. No primeiro exemplo, o nome do evento aparece primeiro e o nome do patrocinador vem em seguida. No segundo caso, temos o nome oficial e nome do patrocinador apresentador no nome do evento.

Algumas propriedades tentaram fazer coisas demais com o nome quando venderam tanto o título e os direitos de apresentação. Isso pode levar a algumas soluções desagradáveis que, em nossa opinião, perdem valor tanto para o patrocinador quanto para o detentor de direitos, como nos exemplos abaixo.

- Nissan UCI Mountain Bike World Cup apresentada pela Shimano
- Bridgestone apresenta o The Champ Car World Series desenvolvido pela Ford

 Principais lições

- Olhe para si através da mesma lente usada pelos patrocinadores para vê-lo.
- A falta de preparação é a principal razão pela qual suas eventuais propostas de patrocínio podem deixar de vender.
- É essencial preparar cuidadosamente um inventário de ativos de patrocínio - e depois segmentá-los, a fim de proteger os direitos do patrocinador de cima para baixo.
- A avaliação dos ativos fomenta a confiança entro de sua organização e gera uma boa ferramenta de negociação com os patrocinadores.
- É absolutamente necessário organizar os direitos, e é vantajoso se isso pode ser feito na fase de preparação, em vez de mais tarde, para evitar uma confusão de arranjos diferentes e complexos, com patrocinadores diferentes para direitos diferentes.
- Fazer o esforço para compreender realmente o segmento do patrocinador é a solução para oferecer patrocínio personalizado sem comprometer a estrutura de direitos.
- Use nomes descritivos como fornecedor oficial ao invés de Ouro, Prata, Bronze.

Resumo

A preparação pré-vendas é absolutamente essencial. As seis horas gastas afiando o machado trarão benefícios imediatos a você. Quando falamos com patrocinadores, sua principal queixa é que as pessoas simplesmente não fizeram sua lição de casa, e isso se aplica antes mesmo de terem entrado em contato com o patrocinador.

O próximo capítulo sobre o **Processo de Vendas** mostra que uma boa preparação também traz retornos consideráveis quando chega a hora de abordar patrocinadores individuais.

CAPÍTULO 8

O PROCESSO DE VENDAS

 Visão Geral

Este capítulo baseia-se no Capítulo 7, que mostrou como montar os alicerces antes do processo de venda começar. Agora é hora de aprender sobre a **parte mais difícil, como conseguir um patrocinador**.

Este capítulo abrange os seguintes assuntos:

- Onde o patrocínio moderno está atualmente e o que isso significa para você.
- Olhar para o mercado, uma área muito importante da pesquisa, e conhecer o seu patrocinador.
- Decidir quem deve ser abordado, e descobrir mais sobre este indivíduo, para desenvolver uma abordagem eficaz.
- Entrar com uma predisposição adequada para olhar para si mesmo a partir do ponto de vista do patrocinador.
- Cinco **perguntas que todos os elaboradores de propostas devem fazer**. O que fazer para garantir que sua proposta se destaque.
- Dicas de vendas da vida real.

 Realidades do mercado

- A Red Bull é abordada por mais de 300 plataformas de esporte por semana.
- O HSBC recebe mais de 10.000 pedidos de patrocínio anualmente. Apenas 25% dos seus programas de patrocínio têm a ver com exposição

na mídia e conscientização sobre a marca. Os 75% restantes têm de demonstrar retornos reais de negócios.

- As empresas compram soluções, e não patrocínio.
- Sua oferta é simplesmente uma ferramenta. Os responsáveis pela decisão se preocupam apenas com os resultados que obtêm ao usá-la.
- A chave para contornar tudo isso é conhecer de verdade o seu patrocinador e fazer a pesquisa e preparação adequadas.

Alguns comentários feitos pelos próprios patrocinadores são:

"Recebemos uma avalanche de oportunidades... As pessoas nos procuram e dizem 'isso é o quanto queremos'"... Nove em cada dez vezes a apresentação de vendas é ignorada. Eles não fizeram sua tarefa de casa e saem por aí vendendo sua ideia sem ter parado para pensar como ela pode se adequar a nós."

Reproduzido com permissão de Tony Ponturo, vice-presidente de Mídia Global, Marketing Esportivo e de Entretenimento da Anheuser-Busch

Um argumento apresentado por vários patrocinadores é que muitos dos que buscam um patrocínio chegam a ser quase desrespeitosos por não falarem com a marca ou com aquele negócio específico. Outro exemplo é o da Unilever, que resume a frustração sentida pelos patrocinadores:

"É realmente muito difícil trabalhar com alguns detentores de direitos porque eles podem até saber muito sobre suas propriedades, mas parecem que não fazem o mínimo de esforço para conhecer as marcas com as quais gostariam de trabalhar."

Reproduzido com permissão de Michael Brockbank, vice-presidente de Comunicação de Marca da Unilever

Estratégias de vendas: pense em setores e não em empresas

Apesar de isso talvez não ser instintivo, tente evitar pensar sobre empresas individuais como potenciais patrocinadores neste momento, e pense primeiro sobre setores e segmentos individuais. A Figura 8.1 mostra quem mais gastou em termos de valor total reportado em 2009, e apresenta um ponto de partida para ilustrar o processo.

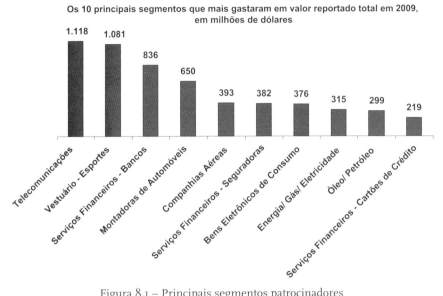

Figura 8.1 – Principais segmentos patrocinadores
(*Reproduzido com permissão de The World Sponsorship Monitor, produzido pela IFM Sports Marketing Surveys*)

Se tomarmos um dos maiores patrocinadores tradicionais, como por exemplo os fabricantes de automóveis, pode-se observar que apesar de o segmento ser um dos mais afetados pela recessão, ele ainda comprou vários novos patrocínios durante esse período.

É quase certo que os vendedores desses eventos e propriedades de patrocínio sabiam o que os fabricantes de automóveis buscam com o patrocínio, e tomaram providências para que suas propostas fossem ao encontro do maior número possível de suas necessidades ou interesses.

As necessidades de marketing dos fabricantes de automóveis

- Eles estão sempre tentando encontrar uma maneira de sair do *showroom* e reunir-se com os clientes quase presencialmente.
- Eles precisam manter a lealdade de qualquer pessoa que já tenha comprado um automóvel carro deles. Uma maneira de fazer isso é ser capaz de oferecer acesso privilegiado a eventos esportivos ou artísticos cobiçados.

- Eles precisam construir a imagem da marca ou modelos individuais (esportivo, refinado, robusto etc.).
- Eles precisam criar algo interessante que atraia os futuros compradores.
- A presença em eventos pode levar a *test drives*, exibição de novos modelos, e estímulo aos comerciantes.

Se uma categoria da indústria é identificada e considerada adequada, e tem algumas necessidades de marketing definidas que possamos ser capazes de atender, a abordagem direcionada pode ser reduzida a empresas individuais.

Como a pesquisa ajuda-o a superar a média do mercado

Muitas vezes nos perguntam sobre a maneira de realizar uma pesquisa adequada sobre um patrocinador. A lista de informações necessárias na Tabela 8.1 contém os itens básicos mínimos. Com o poder da Internet atualmente não há desculpa para ao menos encontrar as respostas para a maioria deles.

É necessário descobrir o que uma empresa precisa de seu marketing para garantir que você se dirigirá a ela apropriadamente. Por exemplo, uma nova empresa que está na primeira fase de existência em um mercado imaturo, como foi o caso do setor das telecomunicações há 15 anos, precisará de conscientização. Alguns anos atrás o mesmo se aplicava aos jogos de apostas *on-line*, pois marcas completamente novas precisavam de exposição para incentivar as pessoas a se sentirem confiantes em apostar com elas. Para satisfazer essas necessidades, você falaria sobre obtenção de cobertura e exposição na mídia. Para uma empresa vendendo um produto que é baseado em uma relação muito pequena de B2B, como servidores para computadores, recomenda-se considerar uma ênfase em hospitalidade.

Tabela 8.1 **Itens de informações necessárias**

Vendas / Produtos	Agora é muito fácil descobrir o que uma empresa faz, onde ela vende seus produtos, e onde está sediada.
Marketing	
Geografia	
Relatórios Empresariais	Eles são raramente usados hoje em dia porque muitas informações podem ser encontradas *on-line*. Contudo, sempre é útil e possível fazer o *download* do material ou pedir uma cópia gratuita.

Continua na página seguinta...

Tabela 8.1 Continuação

Google Alerts	É uma maneira ideal de acompanhar notícias sobre uma empresa na qual você está interessado. Ele pode ser configurado de modo que qualquer notícia sobre a empresa venha direto para o seu *desktop* logo pela manhã.
Twitter e Facebook	A mídia social é outro grande bônus para quem procura patrocínio, tornando a coleta de informações muito mais fácil do que era até poucos anos atrás.
Imprensa	Torne-se um especialista no setor. Há uma cobertura abundante na mídia especializada sobre marketing ou segmentos da indústria para cada setor. A imprensa especializada em patrocínio como *Sponsorship News* ou *The World Sponsorship Monitor* traz informações sobre o que as empresas estão patrocinando e informações sobre tendências.

(?) Com quem devo falar?

Neste ponto, a verdadeira questão é: "Com quem falar?"; que é a pergunta que mais se faz. Antes de pegar o telefone e começar a fazer perguntas sobre contatos, a Internet tem facilitado a tarefa disponibilizando listas de contato das empresas (na maioria dos casos, mas não em todos). No entanto, embora o gerente de patrocínio raramente aparecerá na lista, os gerentes da marca são um bom ponto de partida. Outra dica é encontrar o nome e o número de telefone de alguém no departamento de imprensa. Às vezes a informação aparece na parte inferior de um comunicado de imprensa postado *on-line*. As pessoas de relações com a mídia costumam ser mais simpáticas e comunicativas do que as de outros departamentos e, muitas vezes lhe indicam a direção certa. Depois de conseguir um nome, você pode visitar *sites* como Facebook e LinkedIn para começar a montar um perfil da pessoa com quem vai falar. Isso nos leva a analisar os responsáveis pela decisão que vão tomar a decisão de patrocinar ou não sua propriedade.

Análise sobre o responsável pela decisão

Como encontrar mais informações sobre os responsáveis pela tomada de decisão, além das informações disponíveis *on-line*?

- Contatos pessoais/amigos em comum.
- Reuniões/conferências do segmento.

- Seus outros fornecedores.
- Converse com seus colegas, mencione nomes.

É surpreendente quantas pessoas em seu círculo de relações terá contatos dentro das empresas, por isso use todos os meios possíveis para encontrar uma forma de entrar. Os fornecedores são, por vezes, uma forma de encontrar uma porta de entrada, mas provavelmente é difícil entrar em contato com eles sem ter uma razão especial.

Quando se trata de fazer contatos por telefone, tentamos animar os vendedores desestimulados de patrocínio lembrando-lhes que às vezes é preciso seis ou sete telefonemas até chegar à pessoa certa. Por mais frustrante que isso possa ser, informações essenciais podem ser coletadas durante as chamadas telefônicas. Nesta fase, visualize uma rede, ou faça até mesmo o esboço de um diagrama, de quem conhece quem e quais são os seus relacionamentos. Se alguém na empresa já foi abordado, acrescente o nome em suas anotações para aumentar sua credibilidade. Toda essa preparação se acumula para que você possa estar realmente pronto para falar com a pessoa que precisa.

Contudo, nesta fase as pessoas frequentemente ficam nervosas ao dar um telefonema e perguntar: "O que devemos fazer para começar? "Muito poucas pessoas gostam da idéia de telefonar para uma empresa para prospectar uma oportunidade, e muitas vezes acham que deve existir alguém com um caderninho de telefones recheado de contatos certos que poderia fazer isso muito melhor. No entanto, embora haja algumas agências especializadas, isso nem sempre ocorre.

 Telefonemas para captar clientes (*cold calling*)

É surpreendente, e bastante encorajador, que algumas pesquisas feitas pelo IEG sobre os EUA mostrem que a maioria dos patrocínios se originou na verdade de um telefonema para captar clientes (Figura 8.2).

Aliás, alguns dos dois maiores patrocínios da história, equivalentes a cerca de US$ 400 milhões e US$ 750 milhões, respectivamente (do Barclays e a arena do New Jersey Nets e da Nextel e NASCAR) supostamente começaram com um telefonema assim. Não se deve ter medo de pegar o telefone e começar, pois isso pode dar muito certo. Dado o medo que as pessoas têm de fazer isso, você vai se destacar mais do que alguém que envia um *e-mail* não solicitado. Embora seja uma vantagem usar todas as relações existentes, tais como publicidade ou agências especializadas em patrocínio, não há na verdade um atalho para pegar no longo caminho rumo à venda de seu patrocínio.

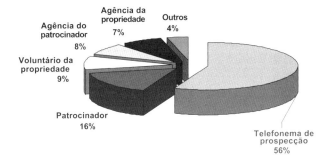

Figura 8.2 – A importância dos telefonemas para captar clientes
(*Reproduzido com permissão do IEG*)

Nesta fase inicial do processo de vendas muito está relacionado com a sua **percepção**, e seus esforços para tentar entender a cultura da empresa. Procure ouvir, em vez de fazer agressivamente seu discurso de vendas. Tente sentir o que as pessoas estão dizendo ou não, como a empresa gosta de fazer negócios. Fazer isso permitirá que você:

- Adapte o estilo da proposta.
- Selecione os ativos mais relevantes para oferecer.
- Compreenda o valor real de sua oferta para o alvo.
- Identifique com quem você deve falar.
- Seja mais eficaz quando falar e se comunicar com um tomador de decisão.
- Desenvolva as mensagens mais persuasivas.

Durante essas conversas é razoável perguntar sobre:

- Quais são suas experiências passadas de patrocínio? (Mas faça sua lição de casa deste item primeiro).
- Quais são as questões-chave para o seu papel, bem como para a seleção de uma propriedade de patrocínio?
- Como eles vão tomar a decisão?

- Suas motivações são racionais, emocionais ou políticas?
- Qual é a visão atual deles sobre sua propriedade ou atividade?

O principal é não ser **"vendedor"** demais. O patrocínio não vai ser vendido nesta fase (a menos que você seja muito sortudo). Uma conversa sobre patrocínios passados deve render boas informações sobre como eles se sentem em relação ao patrocínio. Também é uma oportunidade para mostrar a eles que você fez sua lição de casa. Algumas dicas da Carlsberg mais adiante neste capítulo mostrarão como não adianta nada abordar um patrocinador sem ter qualquer ideia do que é que eles patrocinam. É pouco provável que eles vão gastar dinheiro para repetir algo que já fazem.

Outras áreas para abordar são:

- Quais são as partes mais importantes do patrocínio para eles?
- O que os motiva?
- Por que eles decidiram se engajar com esses patrocínios?
- Quanto tempo leva para eles tomarem uma decisão e como eles a tomam?
- É um capricho do presidente ou eles desenvolveram alguma estratégia formal quando implementaram os patrocínios?

Os capítulos anteriores trataram de compreender a sua imagem, e aprender sobre o contexto de como outras pessoas veem sua organização. Talvez a empresa em questão tenha alguns pontos de vista ou percepções sobre você e sobre o que está sendo sugerido que estejam em total desacordo com a maneira como você se vê?

Também foi considerado neste livro como, no patrocínio atual, as empresas tendem a passar o chapéu em departamentos diversos. É provável que a pessoa com quem você falar tenha que discutir o assunto com colegas de outros departamentos, e você deve imaginar a melhor forma de fazer isso, e os argumentos necessários para ajudar o seu contato a vender a ideia aos colegas.

Uma pesquisa em 2006 tentou definir os vários departamentos de uma empresa envolvidas no planejamento e implementação do patrocínio (ver Figura 8.3). Em mais da metade dos casos os departamentos eram o de relações públicas (RP) e publicidade, como seria de esperar, mas as pessoas que atuam nos departamentos de venda direta e de promoção também estão envolvidas. Sua abordagem terá que despertar o interesse, em alguma medida, de todas essas pessoas, com seus diferentes objetivos e motivações.

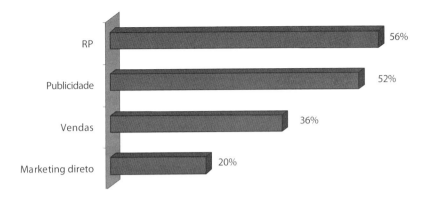

Figura 8.3 O patrocínio está integrado ao *mix* de marketing. Pesquisa de 2006 feita por Redmandarin European Sponsors. *(Reproduzido com permissão do Redmandarin)*

Escolha um tema: use eventos atuais

As coisas acontecem muito rápido no mundo de hoje e é realmente uma questão de se ter o tipo de mente que vê algo acontecendo e retransmite ideias ou informações úteis para o patrocinador em potencial. Pode ser um recorte de jornal ou revista, uma informação, ou o lançamento de um produto. Pode ser uma dificuldade que a empresa esteja passando, algumas notícias do segmento em geral, ou algum novo recrutamento de destaque. Seja o que for, use esses eventos atuais para ser relevante e útil. Este é o momento para tentar encontrar um "gancho", ou uma conexão com a empresa para mostrar que você está seguindo-os, e que pode ajudar alguém dentro da empresa a realizar seu trabalho com mais eficácia.

O patrocínio é excelente na adaptação a novas circunstâncias e permitir que vendedores criativos façam as negociações acontecer. Um bom exemplo do que o patrocínio deve abranger é a nadadora Dara Torres, que ganhou uma medalha de prata nos Jogos Olímpicos de Pequim aos 41 anos. A British Petroleum (BP) tem um produto chamado *Invigorate* que foi criado para ampliar a vida útil de um motor antigo. Todavia, por causa da recessão os proprietários não estão trocando seus carros tão cedo quanto antes e estão mantendo-os rodando por mais alguns anos. A nadadora Torres tornou-se porta-voz do *Invigorate* porque alguém perspicaz percebeu a harmonia perfeita entre os dois. O que você colocar no seu motor significa que você pode manter o desempenho em um nível muito alto durante um longo período de tempo.

Por que escrever uma proposta?

Em algum momento deste processo, depois de você ter encontrado a pessoa certa, chega a hora da temida pergunta:

"Dá para deixar isso por escrito?"

Esta questão pode levar ao medo e ansiedade, e às vezes leva a um contato com consultores de patrocínio como nós, porque a idéia de ter que elaborar uma proposta por escrito é assustadora para algumas pessoas. Na verdade, não é algo ruim uma vez que lhe obriga a considerar:

- A necessidade de organizar e listar sistematicamente todos os seus bens.
- A necessidade de conhecer o valor real de tudo que você tem para oferecer.
- A necessidade de escolher os ativos mais relevantes para cada área da empresa ou de produto e traduzi-los em benefícios.

É importante rever o processo de organização de seus materiais porque, ao fazê-lo, você tem que avaliar seus ativos, e organizá-los em uma hierarquia que faça sentido para o patrocinador numa fase posterior. Também significa que você tem que pensar sobre o que são esses ativos e como traduzi-los em benefícios - e não apenas fazer uma lista das características. Depois de cada ponto de você colocar por escrito, você deve se perguntar: "**E daí? O que isso significa para o patrocinador em potencial?**"

- Para apoiar o que patrocinadores como Carlsberg, Unilever e Budweiser dizem, uma pesquisa feita pela Sponsorium no final de 2009 revelou que a proposta de patrocínio média atende apenas a **44,8%** das necessidades das marcas.

(Reproduzido com permissão da Sponsorium)

Na verdade, desconfiamos que o percentual possa ser ainda menor, o que mostra a qualidade dos materiais que as pessoas têm para ler e como pode ser fácil passar à frente da concorrência garantindo que você seja sempre relevante para as pessoas com quem está falando.

(?) O que deve ser registrado por escrito?

- **Resumo da proposta** - Um máximo de duas páginas listando fatos-chave e benefícios para o patrocinador.
- **Proposta completa** - Inclui carta de apresentação e informações de apoio. Informações detalhadas para a tomada de decisão e para o patrocinador defender internamente.

Resumo da proposta

A primeira providência a tomar é preparar um documento de síntese, que deve ser conciso, com apenas uma página, se possível. Ele é seguido por sua proposta completa por escrito. Nesta fase muitas vezes as pessoas perguntam se deveriam produzir um DVD ou enviar algo "um pouco diferente". Por mais estimulantes que possam ser propostas originais e folhetos em papel *couché*, a maioria delas acaba empilhada nas mesas dos patrocinadores. Não é o formato que vai lhe dar o acesso. São **as suas ideias**.

Os patrocinadores costumam ver com demasiada frequência o que chamam de "propostas massificadas", que seguem o modelo abaixo.

A propriedade:	Histórico, frequência, linha do tempo
	Valores e atributos essenciais
Público:	Tamanho, demografia, audiência de TV,
	comportamento de compra
	Níveis de participação
Os indivíduos:	Histórico, qualificações, experiência, sucesso
Outros patrocinadores:	Direitos, designações
Fatores de higiene:	Proteção de emboscada, segurança, apólices
	de seguro, gestão de riscos,
	condições do tempo, etc
A oferta:	Designações e uso de logomarcas
	Oportunidades de exposição em placas, Internet,
	ingressos, cartazes, local de apresentação
	Hospitalidade, aparições pessoais, acesso
	de banco de dados, amostragem, etc.

Nada há de errado com isso, na verdade, é um excelente exemplo. Ele descreve exatamente como é o evento, há quanto tempo ele existe, e com que freqüência ocorre. Às vezes, essas propostas falam sobre imagem e valores, e às vezes não. Elas quase sempre falam sobre a mídia, às vezes em detalhe e frequentemente de forma vaga ou esperançosa. Bons exemplos mostram quem você é e como o patrocinador será atendido, o que você fez no passado e sua experiência de lidar com patrocinadores. Mais detalhes dos planos de contingência, como o que acontecerá se o tempo estiver ruim, confeririam ainda mais confiança em seu profissionalismo. Em quase todos os casos uma proposta falará sobre a exposição da logomarca, hospitalidade, ingressos e outros benefícios.

Tudo isso está correto, mas **o problema é que o patrocinador é ignorado**. Quando pensamos sobre grandes empresas de bens de consumo como a Gillette ou a Red Bull e as milhares de propostas que elas têm que processar, é preciso ser totalmente personalizado desde o início, e isso abrange sua carta ou *e-mail* de apresentação.

Enviar 100 *e-mails* padronizados é absolutamente contraproducente. Para ilustrar o que os patrocinadores têm de enfrentar todos os dias, colhemos alguns exemplos de primeiras abordagens que deixam muito a desejar:

> *PARA WILLIAM,*
> *"Eu gostaria de falar com alguém, para ver se sua empresa tem interesse em patrocinar um evento musical que acontecerá no Reino Unido a partir de maio deste ano. Anexei um arquivo em PDF que explica o que é esse **road show** e que benefícios ele pode trazer para sua empresa. Para mais informações, ou se você tiver perguntas ou dúvidas, não hesite em entrar em contato comigo..."*

Figura 8.4 Exemplo de *e-mail* de prospecção ruim

Analisando a Figura 8.4, o primeiro sinal de alerta é que o *e-mail* foi enviado para nós. Porém, não somos um patrocinador, mas uma empresa de consultoria de patrocínio. No entanto, a pessoa achou melhor enviá-lo para nós. Os caracteres tipográficos utilizados são completamente diferentes, o que me diz que ele foi produzido para ser um *e-mail* de massa. *"Eu gostaria de falar com alguém, para ver se sua empresa tem interesse em patrocinar um evento musical?* "Este é um exemplo exagerado, concordamos, mas não há nenhuma personalização, nenhum indício de pesquisa. Além disso, os patrocinadores nunca estarão *"interessados em patrocinar"*. Lembre-se, eles não estão comprando o patrocínio, as empresas estão comprando soluções.

> *Prezado Senhor/senhora*
>
> *Encaminhamos os seguintes anexos para sua consulta e assistência na obtenção de patrocínio para o nosso evento*
>
> *Não esite em entrar em conato no número 01234 56789 se você precisar de alguma ajuda*
>
> *Cordialmente*

Figura 8.5   Exemplo de *e-mail* de prospecção ruim

O segundo exemplo (Figura 8.5) mostra exatamente como o *e-mail* foi enviado. "Prezado Senhor/ senhora", sem escrever "senhora" também com letra maiúscula, mostra a pouca atenção que foi dedicada ao *e-mail*. Eles nem sequer descreveram o que estão oferecendo, mas enviaram apenas um anexo que deve ser aberto e ser lido pelo *prospect*. E na última linha existem ainda erros de ortografia *"não **esite** em entrar em **conato**"*. O exemplo é descabido, mas mostra que existem muitos desses *e-mails* circulando por aí e irritando os patrocinadores.

Para sermos mais positivos, no entanto, vamos examinar alguns dos conteúdos para expor o seu resumo básico, que deve ter uma página, e na maioria das vezes ser enviado por *e-mail*:

■ **Abordagem totalmente personalizada**

A personalização ocorre no início, com uma ideia que é relevante para aquela empresa. *"Eu tenho uma maneira de possibilitar que você atinja formandos que possuem um automóvel e o trocam a cada três anos."* Algo assim gera impacto, e mostra que você tem algo que vale a pena ler, em vez de *"Você tem interesse em patrocinar um festival de música?"*

■ **Lidere com ideias criativas relevantes para a empresa, marca, serviço ou segmento de produto**

A seção mais difícil e mais importante de uma proposta é incluir uma ou duas **ideias criativas**, mostrando que você tem pensado sobre o potencial patrocinador e sua empresa. Isso gera interesse e se destaca das outras abordagens. Uma pessoa de *marketing* da Coca-Cola uma vez nos disse que estava à procura de **"algo que acrescente cor ao meu dia"**. Se alguém se deu ao trabalho de pensar em uma ideia, mesmo que essa ideia não funcione na prática, isso ainda assim mostra que você é o tipo de pessoa com quem um patrocinador pode trabalhar.

- Informações relevantes e perfil do público.
- O que exatamente está sendo oferecido.

Uma descrição exata e concisa do que está sendo oferecido deve vir na sequência, falando sobre o público para o patrocínio e o grupo-alvo para o patrocinador.

> "Todos podem provar que atingem o público, mas será que o nosso público realmente se interessa por isso?"

Esse argumento foi levantado por Rick Singer, diretor da IBM Worldwide Sports Marketing *(Reproduzido com permissão de Rick Singer, IBM)*.

- **Convocação para a ação**

Uma convocação para a ação significa encerrar uma carta ou *e-mail* com um rumo claro do que vai acontecer a seguir, dizendo *"Entrarei em contato com você na próxima quinta-feira"* em vez da terrível frase *"por favor, não hesite em entrar em contato"* utilizada nas duas cartas anteriores. Se eu fosse um patrocinador interessado, ou quisesse mais informações, acredite em mim, **eu não hesitaria**.

A proposta completa: estrutura básica e lista de verificação

Este documento é para ser usado somente após você tem suscitado interesse, e não nas fases iniciais. Devem ser incluídos os títulos com os quais a maioria das pessoas concordaria e que compõem uma estrutura básica, e esta seção deve ser usada como uma lista de verificação para suas propostas completas.

- Visão geral e detalhes do evento.
- Oportunidade para atingir mercados-alvo.

- Apoio da mídia e promoção de eventos.
- Idéias criativas mostrando como o patrocínio se encaixa com os objetivos do patrocinador.
- Direitos principais.
- Benefícios.
- Investimento.

A proposta completa: visão geral e detalhes do evento

- Detalhes sobre localização, configuração da organização ou evento. Detalhes da equipe, indivíduos, histórico, contexto, frequência de eventos, comparecimento, linha do tempo etc.
- Credenciais, experiência/ eventos anteriores, relação com o patrocinador anterior.
- Expressão clara da imagem da propriedade, seus valores e atributos centrais.

A visão geral e detalhes do evento serão muito semelhantes ao que foi utilizado no resumo da proposta, mas agora é o momento de expandir a descrição da essência de sua oferta.

A proposta completa: oportunidade de atingir os mercados-alvo

- Que tipo de pessoas exatamente você traz para o seu patrocinador?
- Popularidade geral da propriedade, audiência de TV, participação, comparecimento.
- Perfil detalhado dos dados demográficos dos fãs: quem são eles, o que eles compram, o que eles fazem?

Nós mostramos que os patrocinadores realmente gostam de ver informações sobre dados demográficos, como foi destacado pela Figura 8.6. Quando o IEG perguntou aos patrocinadores nos EUA: "Qual das seguintes características você costuma analisar ao tomar uma decisão de patrocínio?", a resposta foi muito clara.

Se for perguntado aos patrocinadores quais são as principais informações que eles querem para tomar sua decisão de patrocínio, eles gostariam de ter mais do que apenas informa ções sobre se o seu público é masculino ou feminino, idade, e assim por diante. Eles querem uma ideia de que tipo de pessoas eles são e de como se comportam. Você deve tentar fazer quase uma apresentação pessoal sobre os fãs de sua atividade. Por exemplo:

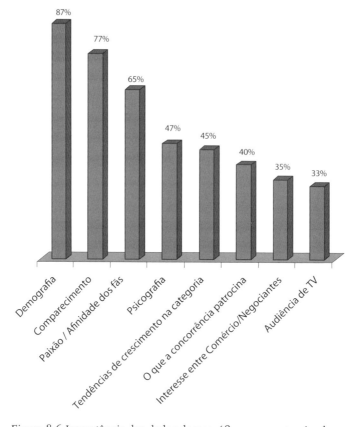

Figura 8.6 Importância dos dados demográficos para patrocinadores
(Reproduzido com permissão do IEG)

- Eles tiram férias no exterior?
- Eles compram computadores pessoais?
- Será que eles talvez fazem apostas *on-line* mais de uma vez por mês?
- Qual é a sua propensão de comprar o produto ou serviço de um patrocinador?

Embora seja muitas vezes esquecida, esta é uma informação muito, muito poderosa que deve constar de uma proposta detalhada. Para obter mais informações sobre pesquisas e medição de patrocínio, consulte o Capítulo 3.

A proposta completa: mídia

- Um plano de mídia preciso e convincente.
- Descrição das oportunidades de exposição do patrocinador.
- TV, imprensa, Internet, placas, ingressos, cartazes, local do evento.

Enquanto a maioria dos patrocínios, de alguma forma vende exposição e mídia, isso ainda é moeda forte em nosso negócio, e se é para ser bem feito e descrito corretamente, deve ser **exato**. Vemos muitas propostas que dizem: "Nós temos uma emissora de televisão interessada"... Embora os patrocinadores entendam que a cobertura da mídia nunca é garantida até que seja assinado um contrato, parece mais profissional, pelo menos, citar o nome da estação, sua cobertura e alcance de audiência.

A proposta completa: os direitos principais

- **Quem são os outros patrocinadores?**

Em geral a presença de outros patrocinadores é um sinal encorajador. Eles também podem ser patrocinadores que o seu patrocinador em potencial acha que agregariam prestígio para a sua própria presença, ou eles podem gostar da ideia de se aproximar de um copatrocinador que lhes traga benefícios B2B.

- **O evento ficará "confuso" com outros patrocinadores?**
- **Exclusividade de evento ou de categoria?**

Naturalmente, se já há uma abundância de outros patrocinadores, talvez eles possam cogitar que podem ficar perdidos na multidão e no ruído ou "confusão". Uma forma de tranquilizá-los sobre esse ponto é afirmar claramente que você é capaz de protegê-los de patrocinadores concorrentes em seu próprio segmento, oferecendo exclusividade.

- **Quais são os seus direitos, patrocinador oficial, fornecedor oficial, sinalização, ingressos?**

O Capítulo 7 falou sobre como o uso de nomes descritivos, como parceiro ou patrocinador oficial, em vez de Ouro, Prata e Bronze ajuda a definir mais claramente os pacotes de direitos para os vários níveis de patrocinadores. Fica muito mais fácil para os patrocinadores ler e aceitar os pacotes do que ter que comparar um conjunto de direitos quase indiferenciados dentro das categorias Ouro, Prata e Bronze.

A proposta completa: exemplos de benefícios

- **Descrição da hospitalidade, oportunidades de interação social, ingressos VIP**
- **Acesso e uso de talentos, equipe, local do evento ou propriedade.**

Se você for falar sobre hospitalidade, pacotes VIP e acesso a talento ou outros ativos, isso deve ser feito adequadamente e em detalhe. Esta deve ser sempre uma parte atraente da proposta, aproveitando o simples fato de que a maioria das pessoas nos esportes, nas artes, em instituições de caridade, e órgãos públicos se envolve em atividades interessantes com as quais as pessoas querem se associar. Tenha muita clareza sobre esses benefícios e tente despertar o interesse das pessoas sobre eles.

No Capítulo 7, na fase de organizar nossos ativos, os seguintes itens foram discutidos. Ele aparecem de novo abaixo para serem agregados à sua lista de verificação da proposta.

- Campanha de relações públicas adaptada à mídia de interesse do patrocinador.
- Inclusão em todos os comunicados de imprensa e atividades de mídia.
- Amostragem para a mídia.
- Publicidade proposta.
- Promoções com ingressos/brochura de eventos.
- Uso de suas logomarcas.
- Disponibilidade de palestrantes para eventos do patrocinador.
- Acesso a listas de discussão.
- Oportunidade de fazer sorteios usando o banco de dados.
- Benefícios *business-to-business* (B2B).
- Engajamento/mentoria de funcionários.
- Colocação de produtos.

- Direitos de *merchandising*.
- Endosso.
- Fornecimento de conteúdos para o site de Internet ou mídia social do patrocinador.
- Amostragem no local.
- Uso de propriedade/local para eventos do patrocinador, relações com clientes, lançamentos de produtos etc.
- Segurança, apólices de seguro, gestão de riscos, condições do tempo etc.

A proposta completa: vamos agregar valor e proporcionar um bom serviço após a venda?

Não se pensa o suficiente sobre como deixar o patrocinador confiante em você e em sua capacidade de cuidar dele.

- Quem são as pessoas que administrarão o patrocínio?
- Quais são as suas credenciais? Elas têm alguma experiência?

Qualquer empresa ou indivíduo com experiência em patrocínio sabe o quanto a atividade consome de tempo e recursos é, e eles vão estar preocupados com o impacto interno sobre departamentos bastante pressionados e às vezes com o orçamento estourado. Eles vão se perguntar: par"Qual será o impacto desta pressão e os custo extras?"

Você será mais bem-sucedido se tentar mostrar que tem os meios de se aliviar um pouco desse fardo e trabalhar com o patrocinador, em vez de deixá-lo entregue à sua própria sorte.

Isso também é útil mais tarde, porque se os patrocínios não forem mantidos, a inércia tende a se instalar e, portanto, eles não são renovados.

(?) Cinco perguntas que todos os elaboradores de propostas devem fazer

Sejam quais forem os itens decididos para a proposta, é importante dar um passo atrás, voltar ao básico, e tentar se lembrar do que torna as propostas interessantes e bem-sucedidas. Uma boa maneira de fazer isso é fazer as cinco perguntas a seguir:

- Chama a atenção?
- Destaca benefícios e não as características? Eu sou uma solução de negócios para eles?
- Ela é criativa e proativa?
- É precisa e específica?
- É Relevante?

Isto é algo que realmente vai chamar a atenção? Isso vai se destacar entre as milhares de abordagens feitas para uma Red Bull, Coca-Cola ou Carlsberg? Estou falando de mim ou estou falando sobre o patrocinador? Eu incluí algo que é interessante e novo e mostra que eu estou pensando da maneira certa? Tudo o que eu disse é totalmente preciso e não vago e confuso? E, acima de tudo: isso é relevante? Isso é algo que vai interessá-los?

Algumas dicas de venda de patrocínio da Carlsberg

A Carlsberg é uma das maiores marcas de bens de consumo do mundo e também uma das maiores patrocinadoras do mercado, com uma carteira de patrocínios impressionante, que vai desde o campeonato europeu de futebol até festivais de música e exposições. Podemos seguir os conselhos de Gareth Roberts, que é diretor de Patrocínio e Relações com a Mídia da empresa:

- Faça sua lição de casa.
- Conheça a história e a carteira atual de propriedades de patrocínio da empresa; não tente "vender" algo que eles já têm.
- Números exatos e atualizados garantem uma abordagem positiva.
- Seja claro logo no início sobre o que você está propondo, não generalize.
- Apresente uma razão clara que mostre como o patrocínio se encaixa com a empresa, e que benefícios claros e precisos ele trará.
- Não tente agrupar duas coisas que não combinam, como, por exemplo, álcool e boxe.

Continua na página seguinte...

- Tente falar sobre os benefícios no estágio inicial, quanto mais longa for a apresentação de vendas, maior a probabilidade de uma resposta negativa.
- Tente obter uma recomendação de peso de outro patrocinador.
- O melhor seria uma recomendação de um parceiro atual do potencial patrocinador.

(Reproduzido com permissão da Carlsberg)

(?) "O que você quer?" – Prepare sua abordagem de vendas

Em algum ponto durante todo este processo alguém vai perguntar exatamente o que você pretende. Às vezes isso pode acontecer mais cedo do que o esperado. Pode ser depois de seis ou sete telefonemas, ou pode ser no primeiro ou segundo telefonema. Portanto, não queime sua melhor chance por não estar bem preparado. Após ter refinado a essência de sua proposta, é bom escrevê-la por extenso.

Quando muitas pessoas recebem essa pergunta, elas ficam em uma posição desconfortável e podem acabar dizendo: " *Bem, nós somos um evento de tênis que é realizado todos os anos, temos jogadores amadores e profissionais. ...* "Isso é uma descrição exata, mas não vai ajudá-lo a se destacar. O que você deveria dizer é: " *Organizamos um evento de tênis que nos permite oferecer aos patrocinadores de automóveis acesso a um público jovem que compra um automóvel a cada três anos ...* " e então você começa a conversar.

(?) Colocar o preço ou omiti-lo? – Envolva o patrocinador no pacote

Outra pergunta que é colocada com frequência é se o preço deve ser mencionado ou omitido das propostas, e este é um ponto importante para discussão. Muitos vendedores não têm certeza do preço que devem pedir, e no Capítulo 7 foi mostrado como é importante definir o assunto corretamente. Quem ainda não passou por este processo muitas vezes fornece o orçamento do evento, esperando que o patrocinador de alguma forma conclua que o evento precisa de uma quantidade X de dinheiro, de forma que a taxa de patrocínio deve ser Y. Talvez eles também esperem que o patrocinador tenha mais experiência do que eles com o patrocínio deste tipo de atividade, e sugerirão um valor justo de mercado do que deveria ser pago.

Falar sobre preço no início economiza tempo porque os patrocinadores estão por dentro do orçamento que têm para este ano e para o ano seguinte. Portanto, se eles têm uma ideia geral do que teriam que pagar para o seu patrocínio, isso só pode facilitar o processo de tomada de decisão e economizar tempo valioso para as duas partes. Quando se trata da proposta completa, o preço deve ser derivado da conversa sobre como o patrocinador vai ganhar com o que você está oferecendo. De forma ideal, ambas as partes devem chegar ao preço juntas, permanecendo flexíveis e negociando os benefícios.

Dicas para fechar a venda

- Convide-os para o evento.
- Degustação gratuita do patrocínio.

Talvez um dos maiores ativos que as pessoas têm ao fazer eventos é que se o evento já existe, você pode trazer potenciais patrocinadores para experimentá-lo. Durante a recessão nos deparamos com mais casos de eventos que ofereciam a oportunidade de trazer patrocinadores gratuitamente no primeiro ano. Se os patrocinadores fossem extremamente bem atendidos e pudessem vivenciar uma conexão real com os fãs desse evento, a tática teria uma chance razoável de avançar para um contrato pago para os anos subsequentes.

- Use os fornecedores como patrocinadores.

Outra tática que talvez devesse ser considerada é recorrer primeiro aos seus **fornecedores**, com quem você já tem uma relação comercial, para convertê-los em **patrocinadores**. Por exemplo, áreas como sinalização, *catering* e impressão podem oferecer tais oportunidades. Igualmente, as seguradoras podem fornecer um caminho para o patrocínio que normalmente seria ignorado. A maioria das organizações tem um seguro e é um segmento que vem silenciosamente se transformando em um patrocinador global, já que as seguradoras buscam adquirir algum tipo de personalidade para o que é um produto pouco interessante e de baixo envolvimento. Faça uma pesquisa com sua própria companhia de seguros; veja se eles são patrocinadores de alguma outra coisa; calcule o que você paga atualmente, além de qualquer cobertura adicional necessária para o futuro, e inicie o processo conversando com o seu contato dentro da empresa.

- Você pode gerar receita?

Mostrar a alguém em uma empresa patrocinadora como eles serão capazes de justificar o patrocínio que comprarem se eles puderem comprovar que ele também gera receita é um argumento poderoso. Não é fácil correlacionar o patrocínio com as vendas, mas procure formas de fazer isso. Isto inclui as vendas no local, cupons, *merchandising* conjunto, promoções na loja ou ajuda aos copatrocinadores para fazer negócios juntos. Discutiremos isso mais a fundo no próximo capítulo.

 Não seja passivo: faça perguntas

Quando chegamos na fase final, é importante fazer perguntas-chave que vão ajudá-lo a alcançar o resultado desejado:

- Quanto tempo vai demorar para decidir?

É bastante legítimo dizer: "Bem, quanto tempo geralmente leva para você tomar uma decisão? Quanto tempo leva o processo?"
Você deve supor que a venda acontecerá e que seria razoável começar a falar sobre o novo patrocínio de forma colaborativa, perguntando se eles têm um contrato padrão, ou se há algo que você possa fazer para ajudar a assinatura ocorrer mais facilmente, ou se há alguém na empresa com quem eles gostariam que você falasse, por exemplo.

- E se a resposta for um não? "

Se você tiver a decepção de chegar a um "**não**", procure aproveitar a) as lições que podem ser aprendidas com o fato, e b) como você pode usar a experiência para, da próxima vez, voltar com uma abordagem vencedora. Não desperdice todo esse trabalho duro.

"Não temos orçamento"

Infelizmente esta frase é ouvida com demasiada frequência. Ela foi ouvida muitas vezes até mesmo antes da recessão, e tem sido encontrada ainda mais com o agravamento da crise. É um comentário provocado por uma série de fatores.

- Pode mesmo ser verdade. Há um argumento que diz que se a ideia é realmente boa, o orçamento será sempre encontrado. Contudo, a menos que seja uma quantia relativamente pequena que possa ser encontrado em um orçamento discricionário, muitos departamentos não conseguem encontrar uma verba extra para os próximos doze meses. Quem busca um patrocínio muitas vezes não percebe o longo horizonte de planejamento das empresas e aparece para pedir verba apenas alguns meses antes do evento.
- O comentário pode também significar que você tem falado muito sobre o seu evento, em vez de sobre os resultados do negócio para eles, e a falta de verba é apenas uma tática conveniente para encerrar a conversa. Reflita se você não tem falado apenas sobre as características em vez de sobre os benefícios, e se você foi relevante.

Uma maneira prática de escapar do problema do orçamento seria: "Se você não tivesse que pagar nada, você fecharia o patrocínio conosco? "Se a resposta for "sim", tente trabalhar em conjunto para encontrar uma solução. Por exemplo, há casos de muitas empresas na recessão que conseguiram ajustar o calendário de pagamentos, apostando que os patrocinadores continuariam com eles e estaria em uma situação financeira melhor nos anos seguintes.

 Outras possibilidades para derrotar a objeção da falta de orçamento são:

- Descontos para contratos de vários anos

A recessão desacelerou uma tendência positiva, onde a indústria do patrocínio havia entendido que o bom patrocínio precisa de tempo para amadurecer. De fato, o primeiro ano de patrocínio é realmente um ano de aprendizado e comparação com outros referenciais. De acordo com o *The World Sponsorship Monitor* publicado pela IFM Sports Marketing Surveys, a duração média de um patrocínio caiu de 3 para 2 anos em 2009, no auge da crise, e a pressão tem sido para assinar contratos mais curtos a fim de limitar o risco. É, portanto, do seu interesse manter e nutrir o patrocinador durante um longo período, e assim a receita "doada" no desconto deve ser compensada por uma relação mais profunda com o patrocinador ao longo do tempo.

■ Proporção da taxa de patrocínio a ser paga no início.

Seu fluxo de caixa pode ser robusto o suficiente para permitir que você ajude o patrocinador a superar um obstáculo no orçamento, pagando-lhe a maior parte da taxa futuramente na vigência do contrato.

■ Compartilhamento do risco.

O Capítulo 7 examinou uma tendência, vista primeiro nos EUA, onde o risco é compartilhado ou recompensado com base na entrega de um nível acordado de mídia ou mudança de conscientização a favor da empresa. Isto não tem sido feito com frequência hoje em dia, e é uma tática que pode, pelo menos, surpreender o seu potencial patrocinador e reavivar uma conversa que perde o fôlego.

Principais lições

- O mercado é lotado.
- As empresas compram soluções, e não patrocínio.
- Pense em setores – não em empresas; olhe para as áreas que despertam interesse.
- Faça sua lição de casa.
- Analise os responsáveis pela tomada de decisão.
- Use eventos atuais.
- Dez abordagens totalmente personalizadas são melhores do que um bombardeamento maciço.
- Lidere com ideias criativas relevantes para a empresa, marca, serviço ou segmento de produto
- Fale sobre benefícios, e não sobre características.
- Na apresentação de vendas não descreva somente o evento.
- Construa o preço em conjunto, e seja flexível e criativo.

Resumo

As empresas não compram patrocínio; elas compram soluções para os problemas de negócios que enfrentam. Use esta informação para se destacar da multidão e atrair patrocinadores. O próximo capítulo mostra como manter e renovar os patrocinadores conquistados com muito esforço.

CAPÍTULO 9

MANUTENÇÃO E RENOVAÇÃO

 Visão Geral

O capítulo anterior mostrou que vender patrocínio é uma tarefa complexa e provavelmente a área mais difícil neste negócio. Portanto, manter um patrocinador conquistado com muito empenho faz mais sentido do que nunca. Esse esforço não deve ser desperdiçado, o que resultaria na repetição do ciclo. A renovação de patrocinadores é o Santo Graal das vendas de patrocínio e o ideal a ser almejado. O processo de renovação é uma extensão quase contínua de tudo feito desde o primeiro dia da assinatura do patrocínio, e é esse o objetivo deste capítulo. Uma manutenção eficaz não só ajuda a manter seus patrocinadores por mais tempo, mas pode deixar os patrocinadores de níveis menores mais confiantes de que, se eles passarem para outro nível, serão bem cuidados.

Este capítulo abrange os seguintes assuntos:

- Atendimento do patrocinador após a venda, um processo contínuo que economiza tempo e dinheiro e facilita a renovação.
- Lembrar-se que os patrocinadores ficam pensando quase desde o início se o patrocínio é uma atividade apropriada ou se eles poderiam fazer algo melhor com o dinheiro.
- Conscientização – Estar ciente das cinco perguntas que cada patrocinador fará a si mesmo e em seguida fará a você.
- Prometer de menos, entregar a mais.
- Lembrar-lhes continuamente por que eles são um patrocinador.

Tabela 9.1 Diferença de perspectivas entre patrocinadores e detentores dos direitos

	Patrocinador	Detentor de direitos
Modelo de negócio	Imperativo do acionista	"Para o bem do jogo"
Elementos contábeis	Demonstrativo de lucros e perdas	Fluxo de caixa
		Outra empresa interessada em investir
	Balanço patrimonial	
Medidas de desempenho	Preço da ação	Vitória
	Dividendos	Casa cheia
Recursos humanos	Gerentes de negócios	Entusiastas do esporte

 Perspectivas diferentes

É preciso reconhecer e aceitar que os detentores de direitos e o patrocinador enxergam as coisas de maneiras diferentes. Isso foi explicado no Capítulo 2, mas as motivações e práticas de trabalho de ambos nunca mais serão as mesmas. A única solução é uma comunicação eficaz e o desejo de entender o ponto de vista do patrocinador.

A Tabela 9.1 mostra que, se você olhar para ambos os lados da maneira como você olha para um negócio, verá que o que conta como bons resultados é diferente e é medido de forma inteiramente diferente. O que é surpreendente é que os patrocinadores medem o desempenho de forma muito mais quantitativa, orientada por dados, do que os detentores de direitos o fazem. É importante se lembrar desse fato ao descrever e relatar os efeitos financeiros positivos que você está gerando para o patrocinador. Os gerentes de marketing de hoje estão acostumados a ver pilhas de dados mensais sobre comportamento do cliente e do concorrente, e ficam submersos em um mundo de métricas.

Aproveite a flexibilidade do patrocínio a fim de cuidar de seus patrocinadores

O patrocínio é uma ferramenta de marketing incrivelmente **flexível**, e é por isso que tem tido um crescimento tão forte nos últimos anos. O objetivo da Figura 9.1 é mostrar que uma vez que o patrocinador engajou e comprou sua propriedade, há muita coisa que eles podem fazer com ela. É muito raro que uma propriedade apareça com sugestões e ideias para o patrocinador, e mesmo que nove em cada dez de ideias forem impossíveis de serem executadas, os patrocinadores valorizam o fato de que suas opiniões foram consideradas e como eles podem desenvolver o seu patrocínio.

Uma Plataforma Integrada de *Marketing*

Promoções de vendas	Comunicação interna
POS materials	Responsadilidade corporativa
Marketing direto	Mídia especializada
Publicidade	Hospitalidade
Relações publicas	Recrutamento
(RP)	Treinamento
Venda direta	Eventos
Mercadoria	*E-mail*
Incentivos	Telefonia móvel
Websites	Colocação de produtos
	(product placement)
Embaixadores da marca	Programas de fidelidade
Engajamento doa funcionários	Exposições e conferências

(Diagrama central: OUTROS PÚBLICOS / CLIENTES / FUNCIONÁRIOS / MARCA)

Figura 9.1 O patrocínio é uma plataforma integrada de marketing

Observando a Figura 9.1, a marca está colocada bem no centro da mira deliberadamente, porque o foco principal dos patrocinadores são os benefícios para a marca vindos do patrocínio.

O patrocínio pode ser explorado por vários canais diferentes, e seguem--se alguns exemplos de sugestões que poderiam ser feitas para o patrocinador, se necessário:

- Seu patrocinador deve considerar se patrocínio está ou não tendo um efeito benéfico sobre os funcionários da empresa. Os funcionários percebem que estão recebendo benefícios reais, como ingressos, ou ficam ressentidos com um patrocínio dispendioso quando seus salários estão sob pressão?
- Há algo mais que possa ser feito que interessaria aos clientes do patrocinador?
- Existe alguma ajuda que possa ser dada para aconselhar o patrocinador sobre que outras pessoas poderiam ser abordadas, tais como analistas de investimentos, governos ou ONGs?
- É possível fornecer um embaixador da marca para um evento esportivo ou cultural?
- É possível fornecer um *site* ou conteúdo de mídia social?

- É possível fornecer algo atual e relevante para o departamento de RP do patrocinador?
- Existe alguma maneira de gerar receita por meio de uma promoção de vendas?
- Talvez o patrocinador tenha um produto novo ou um produto em teste onde seria possível prestar alguma assistência para ajudá-lo com o processo de amostragem?
- Seria possível criar um evento especial de hospitalidade com o intuito de conversar com os *prospects*?
- Poderia ser criado algum conteúdo atrativo para concursos ou atividades de coleta de banco de dados?
- O patrocínio está ajudando a tornar a empresa atraente para jovens estudantes e futuros colaboradores?

Lembre-se: A tarefa dos detentores de direitos é lembrar o patrocinador do que mais poderia ser feito com o patrocínio e lembrá-los por que eles são os patrocinadores.

Como os patrocinadores o julgam

Seu patrocinador geralmente já passou por um longo processo de definição de estratégia e planejamento antes de firmar o patrocínio atual. A Figura 9.2 é um exemplo típico tirado de um processo de planejamento para um patrocinador real.

As três primeiras fases mostram o tipo de processos pelos quais o patrocinador pode ter passado antes mesmo de se candidatar ao patrocínio. O processo não é sempre tão rigoroso, mas na maioria dos casos o processo é muito mais profundo do que para o detentor de direitos. O que eles farão, quase continuamente, e certamente na fase final do período contratado de patrocínio, é examinar questões como:

- As metas estão sendo alcançadas por este patrocínio?
- O desempenho poderia ser melhorado?
- Nós, como patrocinadores, estamos pagando demais?
- Devemos pagar cada vez mais para ativá-lo, ou existe uma alternativa melhor?

Como mencionado anteriormente, a Figura 9.3 mostra os principais fatores que os patrocinadores acreditam ser importantes em um patrocínio de sucesso.

Figura 9.2 Como os patrocinadores o julgam

Figura 9.3 Principais fatores para os patrocinadores
(Reproduzido com permissão da ESA)

Os dados foram obtidos em uma pesquisa realizada pela ESA. Entre as áreas de importância especial para o detentor de direitos está a obtenção do pacote de benefícios correto. Os patrocinadores também se preocupam se o patrocínio está conquistando o respeito de seus fãs ou consumidores. Os detentores de direitos são as pessoas responsáveis por levar os fãs e consumidores até eles, e o patrocinador quer uma conexão autêntica e genuína com aquelas pessoas. É por isso que é muito importante ter uma relação estreita com o patrocinador, para que você possa dar informações sobre este aspecto.

Garantir que o patrocinador não tenha excedido o montante orçado para fazer este patrocínio dar certo também é visto como importante, porque eles, como indivíduos, têm que justificar e prestar contas sobre o investimento e o orçamento que eles conseguiram e aprovaram dentro da organização.

O último item na lista na Figura 9.3, mas igualmente importante, é um **detentor de direitos competente e prestativo**. Como a vantagem pendeu um pouco para o lado do patrocinador durante a recessão, os patrocinadores estão agora esperando padrões ainda mais elevados dos detentores de direitos.

Um dos parâmetros com pontuação 4,1 na Figura 9.3, e de grande importância para o patrocinador, é monitorar o retorno do investimento, e isso é algo que merece ser examinado com mais cuidado ainda por ser praticamente o principal parâmetro para medir o sucesso do patrocínio.

Retorno sobre o investimento e retorno sobre os objetivos

O retorno sobre o investimento (ROI) e o retorno sobre objetivos (ROO) estão comparados na Tabela 9.2.

Tabela 9.2 **ROI** vs. **ROO**

ROI	ROO
Baseado em dinheiro	Variedade de "moedas"
Avalia resultados em termos de eficiência financeira	Avalia resultados em termos do alcance dos objetivos

Retorno sobre o investimento

Uma simplificação sobre o ROI seria o patrocinador calculando o que pagou a você e, em seguida, calculando o quanto ele teve de retorno em termos de exposição na mídia, conscientização sobre a marca ou vendas. Isto ainda é muito atual em patrocínio, mas não é uma maneira particularmente satisfatória para os patrocinadores medirem, ou para você apresentar, qualquer conclusão que possa convencer o patrocinador a permanecer com você.

Retorno sobre os objetivos

Como o patrocínio é tão flexível, ele permite que os patrocinadores façam com que ele cumpra objetivos distintos. Se você fez uma pesquisa profunda e realizou negociações de pré-venda, terá estabelecido uma excelente parceria antes mesmo do início do patrocínio. Você também precisa ter uma ideia específica sobre o que eles querem ganhar com este patrocínio. Se você puder fazer medições de acordo com os objetivos deles, isso facilitará bastante o processo de elaboração de relatórios e de renovação.

A medição é, sem dúvida, um problema para o patrocínio e os patrocinadores se queixam regularmente que a indústria deve trabalhar para encontrar uma solução. Ao longo dos anos foram feitas várias tentativas para encontrar um padrão comum de medição como o que existe para o segmento de televisão, onde a Nielsen fornece índices de audiência e toda a indústria concorda que a classificação da Nielsen é a unidade aceita. Este não é o caso do patrocínio e, provavelmente, nunca será, visto que cada patrocinador é diferente, e eles têm objetivos bastante distintos. A Coca-Cola não precisa aumentar a conscientização sobre sua marca, mas uma nova empresa de Internet, telefonia móvel ou jogos de azar *on-line* certamente precisa. Portanto, exposição na mídia é menos importante para um grupo, enquanto é absolutamente vital para outro.

Impacto do patrocínio

Na Tabela 9.3 podemos analisar algumas das coisas que podem ser medidas e que talvez você possa considerar na hora de comunicar o valor para o patrocinador.

Tabela 9.3 Impacto do patrocínio

Impactos do patrocínio	
Insumos	Quantidade de cobertura de mídia
	Exposição do local
	Audiência provável exposta à publicidade da propriedade
	Materiais de marketing da marca produzidos e distribuídos
	Número de participantes
Produtos	Mudanças de atitudes em relação à marca
	Indivíduos se inscrevendo em um programa de fidelidade
	Melhores relações B2B
Resultados	Melhorias na frequência de compras e/ou lealdade do cliente
	Vendas realizadas
	Impactos comerciais da melhoria das relações B2B

 ## Objetivos SMART

Não importa qual seja o sistema de medição usado, para que você e seu patrocinador obtenham benefícios, procure avaliá-lo segundo os critérios SMART:

- Específico.
- Mensurável.
- Realizável.
- Relevante.
- Com prazo.

 ## Cinco perguntas que todo patrocinador deve fazer

Esta seção tem por objetivo lhe dar perspectiva do patrocinador sobre você e ajudá-lo a preparar-se para responder a algumas perguntas muito difíceis que os patrocinadores se fazem - e que, por consequência, farão a você. Essas perguntas são derivadas da teoria de funcionamento do patrocínio (Figura 9.4).

Vamos começar pelo topo da pirâmide, porque o patrocinador estará sempre olhando para o benefício para a marca em termos de vendas extras. O benefício não precisa estar restrito somente a vendas - outros benefícios podem ser planejados, mas o foco central será sempre como o patrocínio beneficia a marca. Os patrocinadores, portanto, estão concentrados no topo da pirâmide, mas a maioria deles sabe que o processo realmente começa na parte inferior e ascende para os outros níveis.

Figura 9.4 A pirâmide de patrocínio

Quer se trate de um patrocínio local ou da comunidade, ou se é a Copa do Mundo da FIFA, o processo é o mesmo. O caminho para um patrocinador feliz e satisfeito é expor tantas pessoas quanto possível a esse patrocínio através da TV, imprensa, cartazes, folhetos, etc., ou *on-line* através de um *site* ou mídia social. Seja qual for o meio é, sua tarefa é tornar essa base o mais ampla possível. A razão para isto é que levar as pessoas do nível de serem expostas ao patrocínio para comprarem a marca é um processo longo, ineficiente e difícil. É a tarefa mais difícil do *marketing* levar as pessoas do momento em que são expostas até próxima fase, que é a de estar consciente. Mesmo que elas tenham visto algo, a questão é, será que elas se lembram mesmo? E se elas se lembram que o patrocinador estava lá, isso significa que elas têm alguma percepção diferente sobre a marca em particular, ou sobre aquele patrocinador em particular?

Mudar a **percepção** das pessoas sobre uma **marca** é um trabalho árduo, mas mais difícil ainda é fazê-las mudar de tal maneira que possam escolher um produto diferente quando vão ao supermercado, a uma assistência técnica ou *on-line*, quando confrontadas com marcas quase idênticas. O patrocínio funciona principalmente por aumentar a fidelidade a uma marca, mas também é possível que, quando bem feito, ele mude a percepção o suficiente para causar mudanças de atitudes e comportamentos.

O processo todo é quase intuitivo para ser compreendido, mas o problema é que ele também é incrivelmente ineficiente, e à medida que as pessoas se deslocam pirâmide acima você perde várias delas em cada etapa. A tarefa do detentor de direitos, portanto, é tornar os lados da pirâmide quase paralelos para que você não perca centenas, milhares ou mesmo milhões de pessoas em cada etapa.

Cinco perguntas que todo patrocinador deve fazer

1. Qual a visibilidade do meu patrocínio?
2. Alguém percebeu o patrocínio?
3. Ele mudou as percepções sobre a marca?
4. Que quantidade de produtos a mais venderemos por causa dele?
5. Devemos renovar o patrocínio?

Tendo a pirâmide na Figura 9.4 em mente, as **cinco perguntas que todo patrocinador deve fazer** serão: "Tive boa visibilidade? Em caso afirmativo, alguém se lembrou de mim? E se alguém percebeu ou se lembrou de mim, isso causou a mudança em sua percepção, e o que isso nos trouxe em termos de negócio?" A pergunta final e mais difícil que realmente lhe afeta é: "Nós queremos continuar com isso?"

P1 – Qual é a visibilidade do meu patrocínio?

■ **Participantes**

O comparecimento é facilmente medido e um item tido como certo em qualquer tipo de comunicação.

■ **Exposição na TV/Imprensa**

A exposição na TV/Imprensa não é difícil, mas deve ser feita corretamente, e é preciso ter cuidado também com a forma de apresentação. O patrocínio não é uma opção barata de compra de mídia para aumentar a notoriedade da marca. Como discutido no Capítulo 5, é uma armadilha terrível para os detentores de direitos apresentar o patrocínio como sendo de grande valor em termos de exposição na mídia. Há algumas exceções, como mostramos em nosso estudo de caso da Ferrari e Vodafone no Capítulo 1, mas se um patrocinador quer comprar mídia, em termos gerais é muito mais rentável sair no mercado e fazer isso junto a várias fontes vendendo espaço. A melhor abordagem é relatar o seguinte, de forma simples e precisa.

Quantitativa – quanto de exposição a marca recebeu.

- Transmissões
- Mídia impressa
- Mídia *Web*
- Participantes

O lado quantitativo é bastante objetivo e pode ser medido por você mesmo ou por uma agência especializada. A quantificação do valor de toda essa mídia seria uma ação muito valorizada pelo patrocinador e, obviamente, também útil para você em termos de renovação ou conversas posteriores com os patrocinadores.

Qualitativa – A "qualidade" da cobertura recebida

- **Envolvimento da marca mencionado positivamente em editorial.**
- **Comunicação de mensagens-chave com a peça.**

Em vez de receber apenas uma caixa de papelão cheia de recortes de imprensa, que pode ser impressionante nos primeiros cinco segundos porque mostra que você teve grande cobertura da imprensa, o patrocinador pode perguntar: "Bem, mas o que eles falam sobre nós? " É tão raro conseguir que um patrocinador seja mencionado em um editorial, ou receba uma menção verbal na TV, e isso tem grande valor. É preciso fazer um esforço para que o patrocinador esteja ciente disso. Melhor ainda, e o que seria ideal, é que uma das mensagens ou atributos positivos do patrocínio ou o patrocinador teve destaque na mídia. Isso é um excelente resultado, se puder ser provado para os patrocinadores.

Figura 9.5 Medição da quantidade de exposição do patrocinador usando a tecnologia
(*Reproduzido com permissão da IFM Sports Marketing Surveys*)

Medição da exposição

A medição da cobertura televisiva mudou muito e hoje existem muitas empresas que utilizam tecnologia de reconhecimento de imagem, como visto na Figura 9.5, para medir a exposição do patrocinador durante transmissões esportivas. De fato, alguns contratos estipulam um valor mínimo de exposição, e empresas terceirizadas de pesquisa fornecem relatórios de tempo dos quais grandes somas de dinheiro podem depender.

Além de medir segundos de exposição, o sistema de reconhecimento de imagem do IFM Sports Marketing Surveys, Magellan, possibilita gerar informações sobre o impacto visual da exposição ao quantificar:

- Tamanho.
- Posição na tela.
- Confusão visual.
- Duração média.

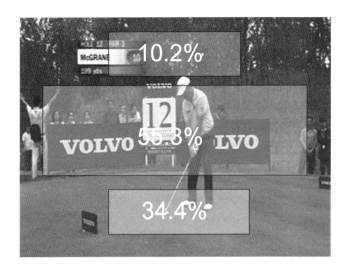

Figura 9.6 Medição da quantidade de exposição do patrocinador usando a tecnologia
(*Reproduzido com permissão do IFM Sports Marketing Surveys*)

Como visto na Figura 9.6, o impacto visual total define a qualidade das exposições de um patrocinador. Isso assume a forma de um fator global (**pontuação de impacto visual**), onde quanto mais perto de 100%, melhor a qualidade geral da exposição, em média.

A tecnologia permite uma análise rápida de onde a exposição poderia ser melhorada, como mostrado na Figura 9.7, e alguns eventos ainda mudam e ajustam placas de publicidade durante as transmissões, na ânsia de fazer um bom trabalho para seus patrocinadores.

Ao lembrar-se da pirâmide na Figura 9.4, e alargar ao máximo a base da exposição, nós o encorajamos a examinar absolutamente tudo o que vai gerar mais visibilidade e exposição para o seu patrocinador.

Outros canais de visibilidade

- **Patrocinadores** – Canais internos: *e-mail*, Intranet, revistas, refeitório, quadros de avisos, reuniões de equipe, áreas de recepção.
- **Detentores de direitos** – Publicidade; carteira para ingressos; no evento; revista; audiovisual; *on-line*
- **Indireta** – Meios de comunicação; fanzines

Fonte	Posição	Confusão visual	Duração média	Pontuação de impacto visual
Avental de Caddy	Médio	Bom	Excelente	Médio	61.5%
Vestuário	Baixo	Médio	Excelente	Baixo	33.8%
Clube	Baixo	Bom	Excelente	Excelente	56.3%
Bandeira no campo	Excelente	Excelente	Excelente	Baixo	83.4%
Bandeira	Baixo	Bom	Excelente	Baixo	23.9%
Área para entrevistas	Excelente	Médio	Excelente	Excelente	93.3%
Painel - campo de prática	Baixo	Baixo	Excelente	Excelente	51.3%
Painel - Evento	Médio	Médio	Excelente	Baixo	39.4%
Painel - Campo	Baixo	Médio	Excelente	Excelente	26.6%
Painel - *Green*	Médio	Bom	Excelente	Bom	57.8%
Painel - Suporte	Excelente	Excelente	Bom	Excelente	95.7%
Painel - Água	Médio	Bom	Excelente	Bom	58.6%
Entrada dos jogadores	Excelente	Excelente	Excelente	Excelente	100.0%
Toldo para evento de RP	Médio	Excelente	Excelente	Baixo	59.7%
Placar	Bom	Médio	Excelente	Médio	70.8%
Tela de créditos	Médio	Bom	Excelente	Excelente	78.4%
Marcador de bola	Baixo	Baixo	Bom	Bom	16.9%
Placa com número do suporte	Médio	Excelente	Bom	Bom	57.4%
Guarda-Chuva	Bom	Bom	Excelente	Bom	91.5%
Pódio dos vencedores	Excelente	Bom	Excelente	Baixo	68.1%

Figura 9.7 Análise rápida que mostra onde a exposição pode ser melhorada
(Reproduzido com permissão do IFM Sports Marketing Surveys)

Maximizar a visibilidade significa incentivar o patrocinador a divulgar o evento, propriedade e relacionamento na empresa. Algumas técnicas simples podem ser utilizadas, tais como o fornecimento de atualizações sobre o evento do último fim de semana, afixando-as no quadro de avisos, revistas da empresa, Intranet e alertas de *e-mail*. Talvez um item de um evento que está sendo patrocinado pode ser emprestado para a recepção da empresa para que todos possam apreciá-lo?

Aconselhamos certa vez um clube que produzia guias de viagem de bolso para fãs que viajavam de ônibus até os jogos para que seu patrocinador estivesse representado ali pela primeira vez. Todos esses elementos combinados podem agregar um valor extra significativo ao patrocínio, e também mostram que a empresa patrocinadora está recebendo atenção, e seus ativos estão sendo trabalhados intensamente a seu favor.

Mostramos como tornar a base da pirâmide o mais amplo e eficiente possível. A próxima pergunta a ser feita é "Alguém percebeu este patrocínio?"

P2 – Alguém percebeu o patrocínio?

Neste ponto estamos medindo a conscientização, o passo essencial para intensificar ou reforçar sentimentos sobre a empresa ou marca. Os patrocinadores vão se perguntar:

- Qual foi a conscientização entre os meus mercados-alvo?
- Qual foi o aumento?
- Como posso aumentar a conscientização?
- Chegamos ao ponto máximo?

A Tabela 9.4 resume, em nossa opinião, os principais fatores para **aumentar a conscientização** sobre um patrocinador.

Como medir a conscientização

A Figura 9.8 apresenta um exemplo real dos Jogos Olímpicos de Atlanta de 1996. A Coca-Cola patrocina os Jogos Olímpicos desde 1928, e Atlanta é onde fica sua sede. Por isso, os Jogos eram o "seu" evento.

Nos meses que antecederam os Jogos, em uma pesquisa telefônica com mil americanos, a marca que ficou no topo da escala de conscientização foi, como seria de se esperar, a Coca-Cola, e a resposta foi indicada por quase metade dos pesquisados.

Tabela 9.4 Como você pode ajudar um patrocinador a gerar conscientização?

Branding do patrocinador	• Obviamente, a quantidade de *branding* e visibilidade é muito importante. Não é possível aumentar a conscientização se você não consegue enxergar o patrocinador.
Duração do envolvimento do patrocinador	• O patrocínio precisa de tempo para amadurecer. Leva tempo para a construção do reconhecimento, e um patrocinador não pode esperar que em um ano alcançará o máximo de conscientização. Na verdade, o ano um é muitas vezes apenas um ano de referência, e recomendamos a negociação de patrocínios com duração de dois ou três anos.

Continua na página seguinte...

Tabela 9.4 Continuação

Atividade limitada do concorrente/ marketing de emboscada	• Tome providências para que haja o mínimo possível de "confusão", para que o seu patrocinador possa se destacar.
	• Ser capaz de oferecer exclusividade de patrocínio obviamente ajuda a limpar a área para seus patrocinadores.
	• Embora seja normalmente um problema para eventos muito grandes, procure proteger seus patrocinadores de outras empresas que roubam a cena e se fazem passar por patrocinadoras oficiais do seu evento, prática chamada de marketing de emboscada.
	• A melhor maneira de combater o marketing de emboscada é ter certeza de que você e o patrocinador formam uma parceria tão unida e lógica que outras empresas não teriam a chance de parecerem autênticas e "adequadas".
Grau de alavancagem dos direitos	• Esta é a questão-chave para os patrocinadores porque eles têm que trabalhar tão duro quanto possível para retirar cada gota de valor de um patrocínio. Trabalhe com afinco para fornecer ideias criativas para fazer isso e para implementar esquemas variados de alavancagem para obter o máximo de benefício.
Sinergia entre patrocinador e a atividade	• As pesquisas mostram que o fator mais importante para gerar conscientização é que deve haver uma ligação óbvia lógica entre a empresa patrocinadora e a propriedade. Se as pessoas sentem intuitivamente que há uma sinergia, a conscientização aumenta na mesma proporção.

No entanto, um grupo pequeno, mas significativo, pensou que a Pepsi também fosse uma das patrocinadoras das Olimpíadas, e não era, mas como havia uma sinergia ali, e por causa das atividades da Coca-Cola nas Olimpíadas, as pessoas acharam que era provável que a Pepsi fosse patrocinadora.

Se observarmos as duas linhas verticais na Figura 9.8, que é o período em que os Jogos aconteceram, a Coca-Cola começou a intensificar seus esforços promocionais e a alavancar o patrocínio, e a conscientização aumentou consideravelmente. Isso forçou a Pepsi para baixo e se sustentou ao longo dos Jogos.

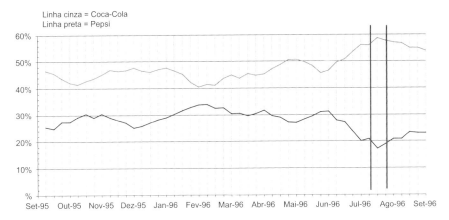

Figura 9.8 Monitoramento da conscientização na época dos Jogos Olímpicos de 1996. P. Você pode dizer o nome de um refrigerante que associe com os Jogos Olímpicos ou acredite que os patrocinem? *(Fonte: SRi Sponsortest, reproduzido com permissão)*

Mas olhando para o que acontece depois, as medidas de conscientização começam a cair porque a Coca-Cola não consegue explorar os Jogos como antes e a métrica da Pepsi começa a subir. Poucos meses depois, essas duas linhas serão quase as mesmas de novo. Seria um bom argumento para a Coca-Cola renovar, a fim de ficar repetindo o processo e forçar o distanciamento das linhas.

A conscientização é importante como parte do processo, mas é apenas parte da história de mudar a percepção sobre a marca.

P3 – Ele mudou as percepções sobre a marca?

Esta pergunta é mais difícil de responder, mas você pode fornecer:

- pesquisas com os espectadores;
- comentários reais;
- opiniões dos participantes etc.

Como detentor de direitos, uma das melhores coisas que você pode fazer, mas que é muitas vezes esquecida, é explorar sua propriedade do evento ou atividade, fazer um levantamento com as pessoas e descobrir mais sobre suas percepções acerca do patrocinador. Não só isso, mas você pode adicionar perguntas como: "Que tipo de patrocinador você esperaria encontrar neste evento?" (O que é um subsídio muito útil para as vendas futuras.)

Quando você fizer um relatório para o patrocinador, também traz credibilidade mencionar algumas **citações literais** ou **comentários de espectadores** ou convidados de hospitalidade que gostaram da experiência e tiveram uma associação positiva com o patrocinador.

A importância da pesquisa de mercado

Embora alguns patrocinadores façam pesquisas sobre seus patrocínios, outros não costumam fazê-lo. De acordo com uma pesquisa do ANA/ IEG em 2010, apenas **35%** dos respondentes "sempre ou quase sempre" medem os retornos de seu patrocínio e atividades de eventos de marketing. Às vezes, eles confiam na propaganda positiva, *feedback* dos revendedores, conversas na hora do intervalo, sentimentos dentro da empresa, e por isso qualquer pesquisa que você puder fornecer tende a oferecer uma plataforma mais baseada em fatos do que apenas as percepções. Sempre é possível oferecer acesso às pesquisas sobre o evento/ espectadores para responder a perguntas sobre outros segmentos. Por exemplo, se você tiver um patrocinador de automóveis e lhe disse quantos de seus fãs compraram um carro nos últimos 12 meses, e qual é seu grau de conscientização sobre a marca em questão, isso é benéfico para o processo de vendas e mostra que você está pensando no caminho certo.

P4 – Que quantidade de produtos a mais venderemos por causa do patrocínio?

A quarta pergunta é muito difícil para você, detentor de direitos, responder:

- Você não pode medir as vendas deles, mas procure gerar algum nível de ideia de geração de receitas para o patrocinador.

Por exemplo, para uma empresa de telefonia, as mensagens por SMS têm um potencial de gerar alguma receita, e podem ajudar a suavizar o orçamento. Propor uma ideia como essa posiciona-o como um parceiro de negócios ao invés de apenas o destinatário do dinheiro.

Nem sempre a questão é tão direta como **"venderemos mais produtos?"** e, como vimos, as empresas têm outros objetivos além das vendas.

No entanto, como este é o objetivo mais típico, deve ser considerado mais de perto.

- Os pedidos/ distribuição para os convidados aumentaram?
- O resgate de cupons ficou acima da média?
- Que quantidade de produto foi dada como amostra?

É um problema para os patrocinadores isolar a atividade de patrocínio e a atividade de vendas. Tente vinculá-las porque os concorrentes mudam, o patrocinador e seus concorrentes veiculam campanhas publicitárias ou promocionais, e sempre há os ciclos naturais em um ano de vendas. É muito difícil para o patrocinador dizer com segurança "nossas vendas aumentaram X%" durante a vigência do patrocínio. Mas isso pode ser feito com elementos como ordens de acompanhamento de convidados, cupons vinculados a eventos ou um evento ligado a uma promoção nas embalagens. Os patrocinadores nos EUA fazem isso mais vezes do que os de outras partes do mundo, como pode ser visto no estudo de caso a seguir.

 Estudo de Caso – Alimentos patrocinados no Horizon Air

 Principal ponto de aprendizagem:

- Medir a resposta gerada por um patrocínio ocasionalmente é possível e, às vezes, pode ser muito precisa com o uso da mídia social.

Em maio de 2010, os passageiros do voo 2631 da Horizon, que ia de Seattle para Portland, receberam caixas patrocinadas de lanches por causa do programa de almoço/lanche gratuito da AirAdvertisment. A caixa continha salgadinhos Stacy's Pita Chips e chocolate Hershey, e foi patrocinada pela Creative Labs, que usou o novo meio para promover um concurso no Facebook para encontrar um nome para sua câmera de vídeo Vado HD de terceira geração. O projeto da caixa continha um "apelo à ação" para o concurso e foram distribuídas 25.000 caixas aos passageiros da Air Horizon durante 20 dias.

Continua na próxima página...

> "Como algumas companhias aéreas estão cortando serviços e aumentando as taxas, este programa é uma novidade que foi bem recebida pelos passageiros e operadoras", disse Mary L. Macesich, cofundadora e vice-presidente da AirAdvertainment. "Os passageiros ficam felizes ao receberem um lanche ou algo para comer, as companhias aéreas ficam satisfeitas por fornecerem a comida a custo zero, e a marca tem a oportunidade de se conectar com o público em um ambiente cativo, onde eles estão passando tempo, em sua maior parte sem outras distrações. E tudo isso com um toque de mídia social. "
>
> *(Reproduzido com permissão da AirAdvertainment)*

Um patrocinador alguns anos atrás ficou muito impressionado quando colocaram um carro de corrida da NASCAR do lado de fora de um grande supermercado. Para sentar-se dentro do carro e conhecer o piloto o cliente tinha que comprar os produtos do patrocinador no supermercado e pegar um cupom. Para alguns machões convictos, foi literalmente a primeira vez que eles tinham entrado em um supermercado! Isso é rastreável, é impressionante, e exemplifica o poder do patrocínio.

Já que o acesso aos números de uma empresa geralmente não está disponível, alguns detentores de direitos bem criativos tentaram relacionar as oscilações no preço da ação da empresa com o patrocínio. Enquanto o patrocínio é apenas um pequeno fator de influência, o fato de você ter se dado ao trabalho de fazer algo assim mostra que você é alguém com quem um patrocinador pode trabalhar produtivamente, ao invés de ser apenas um recolhedor de dinheiro.

P5 – Devemos renovar o patrocínio?

Esta última pergunta terá uma grande influência nas suas vidas profissionais como detentores de direitos. Os patrocinadores sempre dirão a si mesmos:

- Funcionou?
- Vai funcionar?
- Quanto devemos pagar?
- Existe uma alternativa melhor?

Neste mundo muito competitivo, onde sempre há o risco de perder seu patrocinador, ou de um deles tentar renovar o patrocínio com desconto, você deve ajudar o patrocinador a responder a estas perguntas. Abaixo estão algumas dicas para ajudá-lo a retê-lo.

 Dicas para atender um patrocinador

Desenvolva um entendimento comum

Trata-se de um relacionamento e, como qualquer outro, é positivo se você puder chegar a um acordo sobre as regras básicas, o vocabulário e meios de comunicação.

- A atividade patrocinada:
    - escopo;
    - regras;
    - vocabulário;
    - principais atores;
    - padrões da indústria.

- O acordo comercial:
    - objetivos da parceria;
    - obrigações contratuais;
    - jargão da empresa;
    - estrutura organizacional;
    - principais contatos.

Importância da medição e manutenção

- Dê informações relevantes aos patrocinadores, pergunte o que eles precisam - por exemplo, um cliente *B2B* nem sempre precisa de *clippings*[1] de imprensa.
- Mantenha um registro de atividades contínuo sobre o patrocinador.

---

[1] Expressão idiomática da língua inglesa que define o processo de selecionar notícias em jornais, revistas, sites e outros meios de comunicação, geralmente impressos, para resultar num apanhado de recortes sobre assuntos de total interesse de quem os coleciona.

Em vez de apenas enviar um relatório com uma fotografia do evento com uma logomarca visível do patrocinador em uma placa, registre todas as reuniões, conversas telefônicas, ideias que você sugeriu, todos os resultados do patrocínio. Mais tarde, você pode editar o material e mostrar o quanto de valor extra você agregou porque essas pequenas ações regulares são logo esquecidas por ambos os lados.

- Dê detalhes sobre qualquer atividade e/ou entrega extra.
- Seja preciso e realista.

Não é hora para ser modesto, mas tampouco é hora de ser vago, por isso seja **preciso** e **realista**. Todavia, se você tiver feito algo a mais do que o originalmente prometido, informe o patrocinador.

- Apresente pessoalmente o que você fez e converse sobre problemas, as atualizações futuras e as renovações.

Tenha a gentileza de apresentar esse relatório pessoalmente, ou pelo menos se ofereça para ir até o patrocinador e apresentá-lo. Diga-lhes que você tem novas ideias, gostaria de discutir como aprimorar as coisas, e como solucionar os pontos fracos.

- Fale sobre a renovação antes que eles o façam.

Aborde o assunto e transforme-o em um diálogo, ao invés de receber uma carta seis meses antes do fim da vigência do contrato de patrocínio informando-lhe que seus serviços não serão mais necessários.

Gere valor extra para seus patrocinadores

Outras sugestões que os detentores de direitos estão colocando em prática no momento são:

- Crie um *Website* exclusivo para os patrocinadores e protegido por senha, ou uma área em seu *site*, para armazenar relatórios de cumprimento de objetivos, informações sobre eventos e pesquisas.
- Organize *workshops* com os patrocinadores.

De acordo com o IEG, apenas 50% das propriedades organizam *workshops*. É uma boa ideia reunir seus patrocinadores e ver se você pode ajudá-los a obter mais benefícios de sua propriedade. Essa é uma oportunidade para ajudá-los a ver se existe algum negócio que eles possam fechar entre si. Um *workshop* pode fazer com que eles sintam que têm uma oportunidade para se expressar, solucionar reclamações, e tratar de problemas durante a vigência do patrocínio, e não durante o período em que eles estejam pensando se devem ou não renová-lo.

- Convide *prospects*.
- Dê notícias relevantes, divulgue pesquisas com o público e novas oportunidades de patrocínio.
- Eduque os parceiros sobre seus copatrocinadores.

Uma palavra de **advertência**, no entanto, sobre *workshops* com patrocinadores. Se você ainda não apresentou seus direitos e preços, como sugerimos no Capítulo 7, sua miscelânea de negociações diferentes com cada um pode vir à tona quando eles começarem a falar uns com os outros e você pode não ter tiver uma justificativa para os preços e direitos que pratica.

Outra coisa a se ter em conta quando se pensa em oferecer um *workshop* é ser sensível e mostrar conhecimentos suficientes de *marketing* para saber que patrocinadores diferentes podem ter objetivos totalmente diferentes, então não existe uma solução única. Alguns patrocinadores gostam de endosso de serviço, alguns de hospitalidade, outros de *top of mind* (que estão na mente do cliente), outros ainda de *B2B* e o restante de imagem de marca ou cobertura de mídia.

 ## Mais ideias para manter os patrocinadores felizes

- Crie um orçamento de 5% de taxa de ativação.

Isso já foi tentado algumas vezes nos EUA, mas menos na Europa. Você pode sugerir que a partir da verba que você recebe em troca dos direitos, irá reservar uma porcentagem para a ativação e para fazer o patrocínio trabalhar mais em nome do patrocinador. Temos visto porcentagens de até 15%, mas isso poderia ser um valor muito alto e privá-lo de uma renda necessária, mesmo que você acabasse gastando pelo menos parte do orçamento na ativação do patrocinador. Se calcularmos 5% sobre o valor da maioria dos patrocínios, percebemos que há dinheiro suficiente para pagar relações públicas de qualidade, envios de *e-mail* ou promoções especiais, alguns eventos paralelos ou até mesmo uma quantia modesta de publicidade paga. A ideia de que uma proporção garantida de seu dinheiro será usada para ajudar a ativar o patrocínio é geralmente acolhida pelos patrocinadores e, de qualquer forma, é uma abordagem diferente que ajuda a distingui-lo da multidão.

- Sugira novas ideias regularmente, use eventos atuais para criar entusiasmo.
- Não deixe-os esquecer da razão de serem um patrocinador.

As pessoas que trabalham com patrocínio dentro das empresas são extremamente ocupadas, muitas vezes sobrecarregadas, e vão gostar se você puder se dedicar a pensar por elas. Por exemplo, pode sugerir um novo palestrante ou aparição, uma nova utilização de um local, ou um Tweet ou algum conteúdo para um evento futuro da empresa. Tente manter suas ideias relevantes e atuais.

- Relacione esforços de relações com uma causa/comunidade.
- Forneça plataformas "passíveis de apropriação". Ofereça algo em que o patrocinador possa colocar seu nome no evento, algo com o qual nenhum outro patrocinador possa associar-se, uma ação de mídia online ou social, ou um *lounge* de eventos, por exemplo.
- Seja flexível quando um patrocinador passar por mudanças.
- Ofereça um novo inventário e outros elementos de apoio.

 ## Principais lições

- A manutenção do patrocínio é uma atividade que deve acontecer desde o início - não deve ser algo que acontece em meio ao pânico no final do período de patrocínio. É um processo contínuo para garantir que a renovação fique sempre na lembrança, e que nada seja esquecido.

- Lembrá-los do por que eles escolheram ser um patrocinador, garantir que você adiciona valor como disse que faria, e provar isso com dados.

- Uma chave para manter um patrocinador é que o patrocínio é um meio bastante flexível que funciona em nível de marca, clientes e funcionários. Lembre-os de todas as várias maneiras diferentes que eles podem usar esse patrocínio, faça o trabalho para eles, e ajude-os a obter benefícios reais.

- Para melhor ou para pior, o retorno sobre o investimento ainda é importante no mundo do patrocínio. É uma realidade da vida, e por isso a medição dos retornos deve ser feita corretamente e você pode ajudar com isso. O principal, no entanto, é caminhar rumo ao retorno sobre os objetivos, e por isso você deve conhecer os objetivos do patrocinador no início. Ajudar os funcionários do patrocinador a relatar as principais coisas que são de seu interesse ajuda-os a manter seus empregos e a conseguir aumentos de salário. Você receberá o reconhecimento de seu patrocinador se você conseguir fazer isso por eles de forma adequada e profissional.

- A visibilidade é apenas o começo à medida que avançamos os degraus da pirâmide, mas lembre-se de ter deixado a base da pirâmide o mais larga possível, para que os patrocinadores ganhem a visibilidade que conduz à conscientização.

- Use o poder de saber quem são seus fãs, e tenha condições de ir mais a fundo e usar o entusiasmo deles pela propriedade para fornecer informações valiosas para o patrocinador.

- Tente sugerir como o patrocinador pode ganhar algum dinheiro para ajudar a custear o patrocínio, talvez através da combinação de negócios com outro patrocinador, ou fazendo uma promoção conjunta.

- Sempre mantenha um registro com cada elemento da atividade. É um registro bom, facilitará sempre na elaboração do relatório para o patrocinador.

- Mas, acima de tudo, **esteja alerta**. O mundo está mudando cada vez mais rápido. Isso traz ameaças, mas também oportunidades. Os bons tempos, quando os clubes de futebol costumavam dizer "um bom patrocinador é aquele de quem não ouvimos notícias até a hora de renovar", acabaram. Assim, mesmo sem ficar ao telefone com seu patrocinador a cada minuto do dia, você precisa mostrar que é sensível e consciente e está à procura de oportunidades não só para ajudá-los, mas também para ajudá-los a fazer o seu trabalho.

Resumo

A chave para manter os patrocinadores está na manutenção eficaz a partir do momento em que um contrato de patrocínio é assinado. A compreensão dos objetivos dos patrocinadores, ajudando-os a atingir os seus objetivos e, principalmente, fazendo relatórios regulares sobre a atividade, são importantes na sustentação de relações eficazes com os mesmos a longo prazo.

Parte III

O Caminho a Seguir

CAPÍTULO 10

O PATROCÍNIO NO FUTURO

 Visão Geral

Para concluir *O Manual de Patrocínio*, neste capítulo final estão resumidas as principais tendências que afetarão a indústria de patrocínio na próxima década. Fazemos algumas previsões sobre onde estas tendências provavelmente nos levarão e o que elas podem significar para aqueles de nós na indústria, sejam patrocinadores ou os detentores de direitos.

Este capítulo abrange os seguintes assuntos:

- O impacto da recente recessão.
- Tendências já em curso nas áreas:
  - A indústria em geral.
  - Patrocinadores.
  - Detentores de direito.

Impacto da recessão

Como grande parte do mundo se esforça para recuperar o seu impulso na esteira da recessão, o impacto desta sobre o patrocínio não pode ser ignorado. No curto prazo, pelo menos, há dois impactos imediatamente reconhecíveis: a **aversão ao risco** e a **falta de recursos**.

Aversão ao risco

É perceptível que tem havido menos novas organizações investindo em patrocínio. Isto se deve principalmente à natureza de risco relativamente elevado do patrocínio. As organizações que foram suficientemente avessas ao risco para não terem incluído o patrocínio como parte do *mix* de marketing antes da crise econômica provavelmente não embarcarão na ideia enquanto houver qualquer dúvida sobre o futuro.

O outro impacto perceptível da aversão ao risco relacionada à recessão é que a duração média do contrato de patrocínio está caindo de cerca de três anos para dois. Isto está sendo causado pelos dois lados da relação de patrocínio. Os patrocinadores não querem ficar presos a relacionamentos de longo prazo enquanto não tiverem certeza da retomada econômica. Igualmente, os detentores dos direitos - muitos dos quais tiveram que aceitar preços mais baixos para suas propriedades no curto prazo - querem a primeira oportunidade possível para revender os direitos a um preço superior apostando na recuperação do mercado de direitos.

Falta de recursos

Como já mencionado, a comunidade de patrocínio não ficou imune à recessão. Os detentores de direitos, em particular, cujos negócios sempre são vistos como tendo um risco maior graças à natureza de suas operações, têm tido dificuldades para conseguir financiamentos bancários. Da mesma forma, os detentores de direitos que, historicamente, contaram com o financiamento governamental não têm mais a ilusão de que as coisas permanecerão como eram.

Isso tornou o patrocínio uma fonte de recursos ainda mais importante para os detentores de direitos. Consequentemente, eles estão muito mais dispostos a negociar taxas mais baixas e prazos mais curtos para garantir que as verbas de patrocínio continuem fluindo, ao invés de manter o alto valor percebido por suas propriedades estabelecido antes da recessão, mas para os quais não há mercado atualmente.

Os patrocinadores também tiveram que fazer cortes significativos em seus orçamentos e, com menos dinheiro para gastar, isso contribuiu para a pressão descendente sobre as taxas de patrocínio. Outra consequência é que isso levou a uma maior concorrência para as propriedades de maior valor, resultando em crescente polarização entre as taxas garantidas pelos maiores detentores de direitos em comparação com as propriedades menores.

Um catalisador para a mudança

No entanto, a recessão também teve um impacto positivo sobre o desenvolvimento do patrocínio global, agindo como um catalisador para acelerar tendências já em curso, incluindo a criação de mais parcerias genuínas entre patrocinadores e detentores de direitos e uma ênfase mais na ativação autêntica.

Desenvolvimento de parcerias

Embora as práticas ainda existam, como os patrocínios que são caprichos do presidente, os acordos de patrocínio "pegar o dinheiro e sair correndo" – onde um patrocinador assina o cheque, organiza um *branding* e desfruta da hospitalidade, mas faz pouco mais do que isso para ativar o investimento – estão em **declínio**. Os patrocinadores e detentores de direitos estão reconhecendo os benefícios de trabalhar em uma parceria mais estreita para entender as motivações principais de cada um e identificar as formas em que podem contribuir para o sucesso mútuo.

Isso trouxe um maior compartilhamento de metas e até mesmo maior alinhamento, apoiado pelo crescente interesse no pagamento atrelado ao desempenho. É aqui onde o detentor de direitos ganha parte da taxa de patrocínio como um bônus por auxiliar o patrocinador a atingir seus objetivos de patrocínio. Alguns exemplos disso poderiam ser:

- Um bônus de montante fixo por atingir um determinado número ou percentual de menções ao patrocinador na mídia por causa dos esforços de RP feitos pela propriedade.
- Pagamentos progressivos quando o patrocinador atinge metas antes do esperado, de acordo com os esforços extras de *branding* do detentor de direitos.
- Um pagamento por registro relacionado com o sucesso de um esquema de geração de banco de dados entre os fãs da propriedade, feito pelo patrocinador.

Essa tendência também se manifesta no aumento da utilização de valor em espécie e de marketing em espécie, que são a contribuição do patrocinador para o relacionamento. Do ponto de vista do detentor de direitos, benefícios em espécie que aliviam o orçamento auxiliam na gestão do fluxo de caixa. Para os patrocinadores, o fornecimento de benefícios em espécie contribui para sua credibilidade como parceiro para a propriedade e, portanto, mais bem aceito como tal aos de seus fãs.

Ativação autêntica

Embora sem dúvida ainda exista muitas possibilidades para melhorias, certamente há uma maior apreciação pelos patrocinadores do seu papel na ativação de um patrocínio para gerar retornos. Os patrocinadores estão se tornando mais criativos em seus programas de ativação e estão cada vez mais:

- Reconhecendo que eles são um hóspede não convidado para a festa dos fãs. Como tal, os patrocinadores precisam fazer uma contribuição proativa para a experiência dos fãs, o equivalente a "levar uma bebida para a festa". Para ser autêntico, isto de alguma forma mostrará o patrocinador, seus produtos e serviços e as mensagens que ele deseja comunicar.

- Usando o poder das mídias sociais para ampliar a alavancagem dos direitos adquiridos, tais como atletas e conteúdo exclusivo. A mídia social também tem a vantagem de ser um investimento muito eficiente. Ela permite fácil acesso a grupos bem definidos, como fãs de uma personalidade ou um evento através do Twitter ou Facebook, por exemplo. Os fãs de esportes, em especial, estão sempre sedentos por dados e notícias, e os patrocinadores que causam a impressão de ajudar no fornecimento de informações para os fãs os conquistam.

A capacidade de segmentar e medir essas comunidades digitais é um fator muito bem-vindo ao mundo do patrocínio, e que ajudará a alimentar o seu crescimento. Os patrocinadores também vão aprender muito mais sobre o que os fãs acham deles e sobre o nível possível de envolvimento do que jamais foi possível antes.

O desafio enfrentado pelas marcas com a mídia social é que as "regras de combate" diferem muito das dos canais tradicionais de marketing de massa. Isso gera dois desafios distintos:

- **Tom de voz** – Ao invés de ser um canal unidirecional, a mídia social é um diálogo onde todos os usuários têm os mesmos direitos para criar e dar forma ao conteúdo. A comercialização explícita não faz parte da nova etiqueta *on-line* e os patrocinadores de sucesso do futuro serão aqueles que adotam o tom certo quando entram na conversa.

- **Perda de controle** – As organizações em todo o espectro de marketing estão se esforçando para aceitar que não estão mais no controle total de promover a sua própria marca. Entenda isso errado e você será difamado viralmente mundo afora em segundos. Entenda isso certo e você aumentará as percepções sobre a marca, lealdade e impacto positivo nos resultados. Os patrocinadores e os detentores de direitos que são corajosos o suficiente para convidar ativistas de mídia social para a festa colherão recompensas.

A tendência de investir em atividades de base ou de responsabilidade corporativa como forma de aproximação com os fãs e demonstrar o compromisso do patrocinador com a propriedade patrocinada também está dando sinais de crescimento significativo.

Em última análise, reconhece-se que os fãs em sua maioria não tolerarão mais aqueles patrocinadores vistos como entidades que não dão uma contribuição válida para aprimorar de alguma forma a atividade patrocinada. Os patrocinadores estão enfrentando o desafio de garantir que sua participação seja válida, registrada e progressivamente valorizada pelos fãs.

Desenvolvimento da indústria

O patrocínio é um indicador de ocorrências em épocas de recessão e, portanto, espera-se que possa levar mais tempo para se recuperar do que outros setores da economia. No caso do patrocínio, isso significa que ele continuará a crescer, embora em um ritmo mais lento do que o da última década, principalmente à custa da publicidade tradicional.

Um resultado da revolução digital é a necessidade de se elaborar uma nova definição de patrocínio. Isso levará em conta a evolução da mídia digital e, principalmente, da mídia social, e as oportunidades apresentadas para a criação de novos modelos de negócio que possam direcionar o investimento de patrocínio como canais para públicos-alvo específicos.

Os números de detentores à procura de patrocínio aumentarão à medida que os governos no mundo inteiro cortem gastos públicos, enquanto pagam suas dívidas. Aqueles que historicamente dependeram de financiamento do governo, principalmente no setor cultural, terão que se preparar para atrair patrocinadores comerciais. Isto não ocorrerá sem percalços, uma vez que estas organizações enfrentam o desafio do envolvimento comercial e "controle editorial", seja na forma de direção curatorial ou artística. Da mesma forma, eles vão deixar de atrair patrocinadores se não forem capazes de demonstrar uma estrutura coerente e bem-organizada incumbida especificamente de cuidar dos interesses dos patrocinadores.

Com a telefonia móvel se desenvolvendo como um canal de comunicação, os detentores de direitos e patrocinadores buscarão alavancar este meio altamente pessoal para envolver os clientes mais profundamente com suas propriedades e patrocínios.

O marketing de permissão acabará criando uma experiência muito mais rica para os consumidores, mas isso vai levar tempo, e algumas "largadas" queimadas, até que todas as partes entendam os parâmetros de aceitabilidade de tal forma que este canal seja realmente capaz de entregar uma solução ganha-ganha-ganha.

Os novos detentores de direitos com disposição para trabalhar em conjunto com um patrocinador despertarão interesse porque oferecerão aos patrocinadores a oportunidade de desenvolver algo novo, sem os riscos de criar uma atividade totalmente proprietária.

Patrocinadores

Conforme o patrocínio ganha importância dentro do *mix* de marketing, com base em sua capacidade de fornecer uma plataforma bidirecional de engajamento para clientes e outros interessados, as empresas insistirão cada vez mais em estratégias robustas para respaldar suas atividades de patrocínio. Embora isso não represente a sentença de morte para os patrocínios que são caprichos do presidente, sugere que haverá limites nos patrocínios desprovidos de estratégia.

Com uma melhor compreensão do funcionamento do patrocínio e sua inclusão no pensamento corrente de *marketing*, ele se beneficiará de ser exposto e integrado com as ferramentas e técnicas de planejamento utilizadas por outras disciplinas de *marketing*. Isto não só irá melhorar o planejamento da implementação, como também promoverá uma maior valorização do financiamento da ativação do patrocínio.

Afinal, ninguém espera investir na criação de uma propaganda de 30 segundos para a TV sem ter alocado verba no orçamento para a compra de mídia.

Atrair e reter a atenção dos consumidores se tornará uma tarefa progressivamente mais difícil e será recebida com uma **onda de criatividade**, uma vez que as marcas tentam ganhar espaço com suas atividades de patrocínio. Apesar de ainda haver patrocínios em que os objetivos preveem pouco mais do que exposição da marca e/ ou de hospitalidade, a relação custo-eficácia, flexibilidade e alcance da esfera digital e a necessidade de criar experiências engajadoras com a marca levarão a uma abordagem mais holística para a alavancagem dos direitos de patrocínio. Isso, de um lado, aumentará os retornos do patrocínio, que por sua vez aumentarão o valor percebido do patrocínio para a organização do patrocinador, que abrirá a porta para novos investimentos, criando um círculo virtuoso que irá contribuir para o crescimento contínuo do patrocínio global.

A valorização crescente do patrocínio faz com que ele assuma um papel mais estratégico para as organizações patrocinadoras. Os objetivos estão sendo elaborados com mais cuidado, tendo os relatórios de desempenho em mente, e é inevitável que a indústria de pesquisa continue a desenvolver novas ferramentas e técnicas para satisfazer a crescente necessidade de metodologias de medição relevantes. Além disso, prevemos que haverá mais investimento em modelagem econométrica, visto que os patrocinadores examinam mais de perto o valor relativo entregue por dólar gasto em todo o mix de *marketing*.

Detentores de direito

Estratégias robustas de patrocínio conduzem a vendas mais bem-sucedidas, patrocinadores mais felizes e economia de tempo e dinheiro no momento de renovação desses patrocinadores. Os detentores de direitos se beneficiam por trabalhar em um ambiente cada vez mais harmonioso e mais favorável ao patrocínio. A compreensão clara dos objetivos de cada relação de patrocínio e os benefícios acumulados protegerão a equipe comercial de tensões internas, tanto no curto e longo prazo.

As vendas de patrocínio não serão mais vistas como um jogo de números. Com o aumento da concorrência pelo dinheiro dos patrocinadores, e uma maior compreensão e sofisticação do patrocínio nas empresas, a preparação cuidadosa antes de ir para o mercado se tornará mais comum. Um número menor de empresas será abordado, mas a taxa de conversão aumentará exponencialmente. A adaptação dos direitos às necessidades do patrocinador se tornará a regra vigente.

Aqueles que vendem patrocínio verão um aumento na pressão para demonstrar como o patrocínio trará benefícios para o patrocinador. Isso exigirá que os detentores de direitos reflitam sobre a variedade de objetivos dos patrocinadores para os quais eles podem oferecer alguma coisa, e como implementar metodologias de medição simples, mas eficazes que articulem sua contribuição para o sucesso do patrocinador. Os apelos para formas de medir patrocínio são ouvidos cada vez mais alto dos patrocinadores, e os detentores de direitos que oferecem sistemas de informação de qualidade serão beneficiados.

Será mais difícil compreender os problemas de negócios das empresas, pois o ritmo da inovação abrange novas indústrias e empresas, como Google e Facebook, que surgem do nada muito rapidamente. Os vendedores de patrocínio terão de se tornar muito mais especializados no acompanhamento e previsão dessas mudanças e entender rápido como funcionam os negócios dinâmicos de alta tecnologia se têm a intenção de serem verdadeiros parceiros.

Resumo

Com o amadurecimento da indústria, patrocínio continuará a crescer e cada vez mais representará um elemento essencial no *mix* de marketing da maioria das organizações. O paradigma mudará para criar um sentimento que o patrocínio é:

- Uma plataforma de marketing que pode ser integrada a todos os outros elementos do *mix* de marketing.
- Intercambiável com outras soluções criativas, ao invés de apenas um caminho possível para o mercado.
- Uma parceria de vitória tripla que contempla **patrocinador**, **detentor de direitos** e **fãs**.

Maior profissionalismo na gestão e criatividade na execução serão visíveis no respeito demonstrado para todas as partes que se unem para criar resultados impactantes de patrocínio. Esta disciplina de marketing jovem tem muito a oferecer, e as organizações trabalharão com afinco para otimizar retornos ao longo do tempo. Estamos animados com o estímulo dado ao patrocínio pelo surgimento de indústrias e marcas fortes no Brasil, China, Rússia e em outros lugares e com a velocidade de inovação em TI e nas mídias sociais. Todos esses fatores farão o patrocínio evoluir cada vez mais rápido e esperamos que este livro seja uma parte da construção de competências e aumento de confiança no uso de patrocínio como uma ferramenta de marketing poderosa e flexível.

Para mais inspiração e ideias visite http://www.sponsorshipstore.com, siga-nos no Twitter em Sponsorshiptips ou inscreva-se para receber regularmente nosso relatório Market Insights no endereço http://www.sponsorshipconsulting.co.uk.

GLOSSÁRIO

Alavancagem – Uma forma alternativa de se referir à ativação de patrocínio, o processo pelo qual os patrocinadores desenvolvem programas em torno dos direitos que compraram para trazer seus patrocínios à vida perante seu público-alvo.

Ativação – O processo de trazer um patrocínio à vida por meio da transformação dos direitos adquiridos em benefícios significativos que ajudem uma empresa a alcançar seus objetivos de patrocínio, por exemplo, transformando o direito em um certo número de ingressos com hospitalidade corporativa em um concurso de consumo e/ou uma oportunidade de entretenimento corporativo de alto nível. Às vezes conhecida como exploração ou alavancagem do patrocínio.

Ativos – Os elementos vendidos como parte de um patrocínio, também conhecidos como benefícios do patrocínio. Eles podem ser tangíveis, por exemplo, *branding* no perímetro de um campo esportivo, hospitalidade, ingressos, ou intangíveis, como o direito de associação.

Ativos intangíveis – Elementos de um patrocínio nos quais não há custo direto ou associável, mas que, no entanto, têm um valor para o patrocinador, como bons sentimentos para com a marca.

Ativos tangíveis – Elementos de um patrocínio que podem receber um valor específico diretamente (por exemplo, o custo de um ingresso de hospitalidade) ou indiretamente (por exemplo, o valor das vezes que uma marca é exposta na tela durante uma transmissão, com base no custo da compra de publicidade equivalente).

Avaliação – O processo de avaliar a adequação de qualquer propriedade de patrocínio em potencial em relação aos objetivos do negócio e de marketing de uma marca específica.

Avaliação de resultados – O processo de determinar se um patrocínio alcançou os objetivos que lhe foram atribuídos no início. Isso inclui tanto a medida quanto a interpretação dos resultados.

Benefícios – Vantagens oferecidas a um patrocinador pelo detentor de direitos em decorrência dos ativos de patrocínio adquiridos, por exemplo, se o ativo for sinalização no local, o benefício é o impacto sobre os espectadores.

Conscientização – Termo usado como medida para estabelecer que o público-alvo associe a marca de um patrocinador com a propriedade patrocinada.

Detentor de direitos – Pessoa ou organização proprietária dos direitos físicos ou intelectuais da propriedade de patrocínio, por exemplo, Tate Modern ou FIFA.

Direitos de associação – O elemento mais básico de qualquer patrocínio. Significa o direito de o patrocinador promover uma associação entre a sua empresa e/ ou marca(s), conforme acordado com o detentor de direitos, no domínio público e especificamente para o público-alvo que espera atingir com a associação.

Equivalência de valor de mídia – Número obtido somando-se o número de minutos ou centímetros de coluna de jornal em que a marca de um patrocinador é exibida na cobertura de TV ou mídia impressa, e depois calculando-se o quanto este nível de exposição teria custado para a publicidade neste meio. Este número é, em seguida, descontado por um percentual (conhecido como taxa de desconto) em reconhecimento de que a publicidade permite a comunicação de mensagens-chave que não estão presentes nesta cobertura da mídia relacionada a uma atividade.

Exploração – Uma forma alternativa, hoje considerada ultrapassada, para se referir à ativação de patrocínio, o programa de atividades que um patrocinador desenvolve em torno dos direitos adquiridos para trazer um patrocínio à vida.

Fornecedor oficial – Patrocinadores que fornecem um valor em espécie que contribui para o orçamento e visa incrementar uma atividade patrocinada (e às vezes fazer uma contribuição adicional dinheiro também) em troca da possibilidade de criar uma associação com a propriedade patrocinada anunciando-se como um fornecedor oficial.

Inventário – Vantagens oferecidas a um patrocinador pelo detentor de direitos, geralmente em relação àquelas coisas que existem em quantidade limitada e, portanto, precisam de uma gestão proativa, por exemplo, ingressos para um evento, entradas para uma hospitalidade, programas de eventos, quartos de hotel, mercadorias de marca, etc.

KPI (Indicador-chave de desempenho ou *Key Performance Indicator*) – As medidas que foram identificadas como essenciais para estabelecer o desempenho do patrocínio em termos de atingir os objetivos do patrocinador e / ou titular de direitos.

Marketing de emboscada – Qualquer atividade realizada por uma marca que não seja um patrocinador oficial (muitas vezes patrocinadores concorrentes) de uma propriedade específica, com a intenção de obter vantagem comercial, estabelecendo uma associação com a propriedade nas mentes dos consumidores.

Marketing em espécie (MIK) – Onde um patrocinador usa seu próprio alcance de marketing para amplificar os esforços de marketing da propriedade patrocinada a fim de aumentar a conscientização e interesse na propriedade, por exemplo, venda de ingressos, inscrições no banco de dados da propriedade ou opiniões de influenciadores.

Mediador – Qualquer terceiro que atue para facilitar a venda ou compra de um patrocínio, por exemplo, agências de vendas, consultoria de patrocínio, advogados.

NPD (Desenvolvimento de novos produtos) – Processo de realizar pesquisas para identificar potenciais novos produtos ou serviços, e em seguida desenvolvendo essa pesquisa em um produto ou serviço comercializável.

Pacote de patrocínio – Combinação específica de direitos/benefícios disponibilizada pelo detentor de direitos por meio de um contrato com um patrocinador.

Patrocinador – Uma pessoa, marca ou empresa que dá dinheiro para um projeto ou indivíduo para um propósito comercial, em troca de benefícios diretamente relacionados, como publicidade, oportunidades de hospitalidade, ou vendas.

Patrocinador apresentador – Termo usado para definir tanto o principal patrocinador, ou o segundo patrocinador mais importante após o patrocinador principal ou oficial de uma propriedade. A designação é normalmente feita da seguinte forma: "Nome do patrocinador principal (se houver) e nome da propriedade apresentada pelo nome do patrocinador", mantendo assim um grau de separação entre o patrocinador apresentador e a propriedade.

Patrocinador oficial – O patrocinador mais sênior que uma propriedade pode adquirir, onde o nome do patrocinador é integrado ao nome da propriedade.

Pesquisa de mercado/ consumidor – O processo de compreender em que grau (quantitativo) e por que (qualitativo) os consumidores reagem de certas maneiras. Em geral, os dados são colhidos por questionário ou grupos de foco e então analisados.

Pesquisa de mídia – Processo de compreender a exposição na mídia para um patrocínio e igualá-la ao custo da publicidade.

Pesquisa qualitativa – Fornece informações contextuais através de grupos de foco e entrevistas.

Pesquisa quantitativa – Fornece informações estatísticas com base em uma amostra suficientemente grande de pessoas para ser considerada representativa do público. Normalmente envolve o preenchimento de um questionário em papel, por telefone ou on-line.

Prazo de vigência – A duração de uma relação contratual de patrocínio entre uma empresa e um detentor de direitos, normalmente expressa em meses ou anos.

Propriedade – Um projeto, evento, equipe, local, ou outra entidade oferecida no mercado para patrocínio, geralmente, mas não exclusivamente nos setores do esporte, cultural, entretenimento, caridade ou de base, por exemplo, uma exposição de arte, um festival de música ou uma equipe esportiva.

Rastreador de marca – Uma pesquisa regular que investiga a saúde de uma marca entre seu(s) público(s)-alvo e que mede afinidade com a marca, defesa da marca, atributos da marca, uso e atitudes.

Rastreador de patrocínio – Um levantamento periódico realizado por uma marca para verificar o impacto de um patrocínio na percepção e uso relatado da marca em questão.

Remuneração – Termo jurídico que abrange o que o patrocinador fornece em troca dos direitos e ativos de patrocínio que adquire de um detentor de direitos, e que pode consistir de pagamento em dinheiro, marketing em espécie ou valor em espécie.

ROI (Retorno sobre o investimento) – Expresso em percentagem, é uma medida financeira da eficiência de um investimento. Ele é calculado com base no número de vezes que os benefícios líquidos (benefícios menos custos) ultrapassam (ou são inferiores do que) o investimento original.

ROO (Retorno sobre os objetivos) – É uma medida não-financeira, muitas vezes expressa por um sistema de semáforos, que apresenta o desempenho atual de um patrocínio na realização dos principais objetivos do patrocínio por parte do investidor.

Taxas – Valor pago por um patrocinador em troca de acesso a certos benefícios diretos e indiretos contratados, o mais notável sendo o direito de divulgar uma associação com a propriedade patrocinada.

Valor em espécie (VIK) – Prática pela qual os patrocinadores fornecem bens e serviços para a propriedade patrocinada em pagamento total ou parcial pelos seus direitos de associação. Estes bens e serviços podem contribuir para o orçamento (por exemplo, prestação de serviços de cronometragem por uma marca de relógios em um evento de atletismo) ou pode aperfeiçoar a experiência do público-alvo sobre uma atividade patrocinada (pontos de recarga de celular em um festival de música, por exemplo).

Valorização – O processo de cálculo do valor de um patrocínio, com base na quantificação dos custos dos vários elementos tangíveis e obtenção de um valor para os elementos intangíveis.

White Knight – Um 'investidor amigo "que fornece apoio financeiro e/ou de outro tipo de apoio a um detentor de direitos gratuitamente ou a um preço mais favorável do que as taxas de mercado em troca de satisfação pessoal, reconhecimento, ou melhoria de status por meio da associação. Um exemplo são os indivíduos que possuem clubes de futebol, onde escolhem investir seu dinheiro na compra de jogadores melhores do que o desempenho operacional do clube seria capaz de contratar.

www.dvseditora.com.br